나보다 못난 그녀가 나보다 잘 나가는 이유

나보다 못난 그녀가 나보다 잘 나가는 이유

나보다 못난 그녀가 나보다 잘나가는 이유

나무한그루

목차

하루하루 살아가다 보면 크고 작은 문제와 어려움에 부딪치게 된다. 예를 들어 만원 전철 안에서 누군가 당신의 발을 밟았다고 하자.

이럴 때 당신은 어떤 생각을 하는가? 그리고 어떤 행동을 취하는가?

혹시 '짜증난다'고 생각하는가? 그리고 당신도 상대의 발을 밟아 보복하는가? 그럴 때는 진심이 아니어도 좋으니까 이렇게 해 보기 바란다!

● 마음 속에 있는 '또 다른 자신과 상담'한다

● "어제까지는 ～라고 말했지만……"이라고 덧붙인다

● "괜찮아, 괜찮아"라고 말해 본다.

● 입 꼬리를 살짝 올리고 허리를 편다.

이렇게 말하면 깜짝 놀란 마음이나 짜증스러운 기분을 확 날려버릴 수 있다. 게다가 단숨에 운까지 좋아질 수 있다.

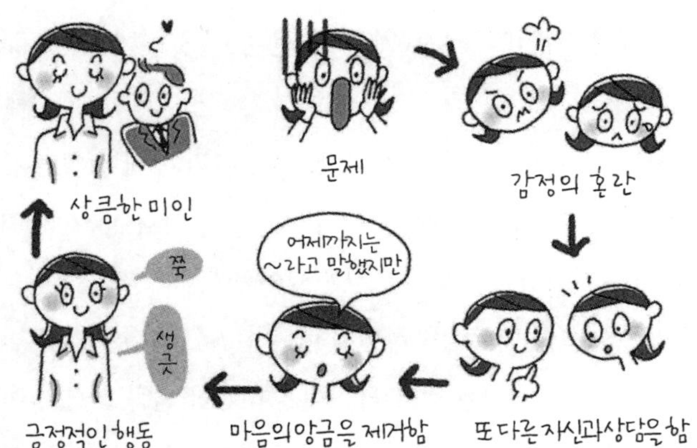

발을 밟힌 여자의 마음 상태를 그림으로 나타나면 위와 같다. 당신도 기분이 나쁘거나 우울할 때 이 방법을 꼭 한번 시도해보기 바란다!

긍정적으로 생각하는 습관이 생기면 운이 좋아지는 순환이 시작되고, 당신은 어느 새 '상큼한 미인' 으로 바뀌어 있을 것이다.

'미스터 괜찮아' 미야마 사토시

서두_행운 미인이 되기 위한 조건은 무엇일까?

나는 일 관계로 많은 여성과 접한다. 그리고 내 강의를 듣는 사람들은 대부분 여성이라고 해도 과언이 아니다. 이런 이유로 나는 여성들에게 상담 요청을 많이 받는다.

많은 여성들과 상담을 하면서 나는 신기한 사실 하나를 발견하게 되었다. 그것은 바로 남들이 부러워할 만큼 외모가 아름다운데도 우울증에 걸렸거나 성격이 나빠서 불행한 삶을 살아가는 여성이 있는 반면, 빈말이라도 예쁘다고 말할 수 없는 외모인데 사람들에게 인기가 있고, 행복한 삶을 살아가는 여성이 있다는 사실이다.

나는 강의 시간에 우스갯소리로 "여성은 외모와 성격에 따라 4가지 유형으로 나눌 수 있다"라고 말한다. 이 말을 듣고 기분 나빠하는 여성도 있을 텐데, 농담이니 부디 너그럽게 이해해주기 바란다. 이 말을 표로 만들어 보면 다음과 같다.

	얼굴생김새	성격
유형1 (얼짱 성격짱)	○	○
유형2 (얼꽝 성격짱)	×	○
유형3 (얼짱 성격꽝)	○	×
유형4 (얼꽝 성격꽝)	×	×

위와 같은 유형의 여성 가운데 어떤 스타일이 사람들에게 가장 인기가 있을까?

정답은 두 번째 유형의 여성이다.

NHK에서 실시한 '탤런트 선호도 조사'에서 3년 연속 1위로 선정된 히사모토 마사미가 바로 두 번째 유형에 속하는 여성이다. 실례되는 말일지도 모르지만 그녀는 후지와라 노리카나 히로스에 료코처럼 아름다운 외모를 자랑하지는 않는다. 히사모토 마사미 씨와 같은 유형의 여성은 미인은 아니지만 사람들에게 인기도 많고 행운도 따른다. 이에 반해, 첫 번째 유형의 여성처럼 외모도 아름답고 성격까지 좋으면 주위의 시샘을 받게 된다.

또 세 번째 유형의 여성처럼 미인이지만 성격이 좋지 않으면 사람들의 미움을 산다.

그렇다면 미인도 아니고 성격도 좋지 않은 네 번째 유형의 여성은 어떨까? 냉정하게 말하면 이런 유형의 여성은 살아있을 가치가 없다. 하하, 너무하다고? 농담이니 심각하게 생각하지는 마라. 내가 이런 이야기를 하면 몇몇 여성들은 이렇게 반응한다.

"아, 이제야 제가 그 동안 운이 없었던 이유를 알았어요. 예

쁜 게 죄라면 죄겠지요."

설마, 하겠지만 대부분의 여성들은 이처럼 자신이 세상에서 가장 아름답다고 생각하며 살아간다. 그러니까 공적인 자리에 그런 외모로 태연히 나타날 수 있는 것이 아닐까? 하하……

음, 내가 만담가도 아니고 농담은 이쯤에서 끝내야겠다. 내 어이없고 재미없는 농담에 질려버린 독자들이 책을 집어던져 버릴지도 모르니 말이다.

어쨌든 내가 정말 하고 싶은 말은 사람은 외모보다 성격이 중요하다는 것이다. 성격만 좋으면 누구라도 행복한 인생을 살아갈 수 있다. 스스로 삶을 꾸려나가는 여성들은 대부분 일을 한다. 그리고 성격에 따라 성공여부가 결정된다. 왜 그럴까?

성격은 그 사람의 운과 밀접한 관련이 있기 때문이다.

평론가 고바야시 히데오는 이런 명언을 남겼다.

'성격이 그 사람의 운명을 만든다.'

이 말처럼 성격과 운은 깊은 관련이 있다. 운이란, 자신의 노력 여부에 따라 결정되는 것이 아니다. 그래서 운이 좋은 사람은 어떤 일도 척척 해내는 반면, 운이 나쁜 사람은 작은 일도 제대로 처리하지 못한다.

이 말을 듣고 '노력해도 안 된다면 어쩔 수 없잖아' 하고 생각하며 상심하는 사람도 있을 것이다. 하지만 미리 포기하지 말기 바란다. 생각을 바꾸면 당신의 내면과 장점은 빛을 발해 당신도 행운 미인으로 다시 태어날 수 있기 때문이다.

행운 미인이 된다는 것은, 내면에 감춰 두었던 다른 누구와도 비교할 수 없는 본연의 모습을 찾는 것이다. 내면의 아름다움은 '외모'나 '젊음'을 뛰어넘는 강력한 매력이다. 앞서 소개한 히사모토 마사미도 이러한 내면의 매력이 발산되어 반짝반짝 빛났던 것이다.

그렇다면 내면의 아름다움을 발휘하는 방법은 무엇일까? 이 책에는 바로 그 비법이 담겨 있다. 지금부터 행운을 부르고 성격 좋은, 내면이 빛나는 미인이 될 수

있는 비법을 찾아 나와 함께 여행을 떠나 보자.

CHAPTER 1
행운 미인은
알고 있다

♥ 행운이란 무엇일까?

대부분의 사람들이 '행운'에 대해 잘못 생각하고 있는 것이 있다. 그들은 행운을 잡으려면 남보다 갑절로 노력해야 하며, 무조건 열심히 노력하기만 하면 운이 트인다고 믿는다.

물론 나 역시 그렇게 믿었던 터라, 노력에 노력을 거듭했다. 그리고 스스로를 격려하기 위해 자신을 타이르듯 끊임없이 이렇게 말했다.

'참자, 견디자, 힘들지만 참아보자. 인내하자.'

'참자, 견디자, 힘들지만 참아보자. 인내하자.'

'참자, 견디자, 힘들지만 참아보자. 인내하자.'

그러나 이런 자기 최면으로도 나를 구원할 수는 없었다. 오히려 나는 불행의 구렁텅이로 떨어져 피해의식에 시달리는 신세가 되었다. 원래 사람이란 죽기 살기로 노력했는데도 그 보상을 받지 못하면 피해의식에 사로잡히기 마련이다.

'이렇게 노력했는데도 일이 잘 풀리지 않는 이유가 뭘까?'

'그래, 이건 분명히 회사 탓이야!', '이 사회가 잘못 된 거라고!' 이런 부정적인 생각이 꼬리에 꼬리를 물어 악순환이 이어지면 하는 일마다 잘 풀리지 않게 된다.

　　이것은 내가 20대에
직접 경험했던 일이
다. 이를 악물고 노력
해도, 일이 원하는 대
로 되지 않을 때는 대

부분의 사람은 자신의 삶을 포기하고 싶어한다. 그래서 이런
식으로 자신을 합리화시킨다. ‘어차피 노력해도 안 되는 걸’,
‘세상은 그리 만만치 않아’, ‘아, 왜 이렇게 사는 게 허무할
까?’

　　이런 생각 때문에 많은 사람들은 ‘행운’에 대해 다시 잘못된
생각을 하게 된다. 즉, ‘우연한 행운’을 기대하는 것이다. 그
대표적인 예는 ‘서민의 소박한 꿈’이라고 불리는 ‘복권’이다.
1등 당첨자가 나왔다는 복권 판매소에는 사람들의 발길이 끊
임없이 이어지고, 사람들은 구입한 그 복권을 보물처럼 소중
하게 다룬다. 이처럼 사람들은 우연한 행운을 기대하며 복권
을 구입한다.

　　그러나 복권을 사서 1등에 당첨될 확률은 벼락을 맞을 확률
보다 낮다. 이런 말을 들으면 어떤 사람들은 이렇게 생각한다.
‘그럼 경마나 카드는 괜찮을까?’ 복권이나 경마로 큰 이익을

보기 힘들다는 사실은 누구보다 당신이 더 잘 알고 있을 것이다. 당신의 눈으로 일확천금이라는 불가능한 꿈 때문에 패가망신한 사람들을 주변에서 많이 보지 않았는가. 그런 허망한 꿈은 오히려 당신의 인생을 망칠 뿐이다.

그렇다면 '운이 좋다'는 말의 진정한 의미는 무엇일까?

'운(運)'이라는 한자의 뜻처럼 운이 좋다는 말은 누군가가 자꾸자꾸 '운'을 '가져다 주는' 상태를 말한다.

예를 들면 당신이 직접 발로 뛰지 않아도 일거리가 계속 들어와서 눈코뜰새없이 바쁘다면 '운이 좋다'고 말할 수 있다. 그리고 어떤 상황에 놓여 있든 유용한 정보가 속속 입수되고, 무슨 일을 하든 협력자가 나타나 발벗고 나서서 당신을 도와준다면 운이 좋은 것이다. 또 연애를 하고 싶은데, 사람 좀 소개시켜 달라고 부탁하지 않아도 여기저기서 좋은 사람을 소개시켜 준다고 하면 당신은 운이 좋은 사람이다. 이렇게 운이 좋은 사람 곁에는 그에게 도움을 주는 사람이 많다. 그리고 그들은 당신과 함께

하면 자신도 운 좋은 사람이 될 거라고 생각하며 당신을 따른다.

　'당신은 운이 좋다' 라는 말은 당신에게는 행운이 많이 따른다' 라는 말과 같다.

그렇다면 운이 좋은 사람은 어떤 사람일까? 바로 이런 사람이다. 그늘진 표정을 짓거나, 불평불만을 늘어놓거나, 힘든 내색을 하지 않는, '항상 밝고 긍정적인 자세로 모든 일에 임하는 사람'이 좋은 운을 부르는 사람이다.

또 무슨 일이든 대충하지 않고 '확실하게 완수하는 사람'이 좋은 운을 부른다. 주어진 일뿐만이 아니라 자신의 도움이 필요한 일이라면 나서서 하고 '기대 이상의 결과를 이끌어내는 사람'이 좋은 운을 부른다.

그리고 풀 죽은 얼굴이나 움츠린 어깨를 타인에게 보이지 않는 '자신감에 가득 찬 사람', 남의 험담을 하지 않고 '자신의 꿈을 이야기하는 사람', 자신의 이야기만 늘어놓지 않는 '타인의 이야기에 귀를 기울이는 사람'이 좋은 운을 부른다. 이 밖에도 자만하지 않고 타인을 존중하는 '겸손한 사람', 남의 공적을 가로채지 않고 '항상 모든 것에 감사하는 마음을 지닌 사람'이 좋은 운을 부른다.

이렇게 내면이 빛나는 사람을 나는 행복한 '반짝반짝 미인'이라고 부른다.

반짝반짝 빛나는 미인은 '활동적'이며, 어떤 장애나 고난이 닥치더라도 항상 '웃으면서 즐겁게' 무슨 일이든 극복해 간다.

그들은 무슨 일을 하든 최선을 다하고 그 일을 통해 보람을 느끼며, 언제나 '눈동자가 반짝반짝' 빛난다. 그리고 주위 사람을 매료시키는 신비스러운 분위기가 온몸에 감돈다.

물론 사람이므로 좌절할 때도 있지만 반짝반짝 빛나는 미인은 다시 일어나 '꿈을 향해 도전'하고 앞으로 나아간다.

이런 에너지는 어디서 나올까? 바로 '자신을 지배하는 힘'에서 나온다. 자신은 인식하지 못할 수도 있지만, 반짝반짝 미인은 자신을 지배하는 힘이 무엇을 의미하는지 알고 있다. 그리고 자신의 감정을 제어할 수 있다.

대부분의 사람들은 외부의 힘이 자신을 지배한다고 착각한다.

예를 들면, 자신의 '배경'이 자신을 지배한다고 생각하는 사람이 있다. 그들은 이런 말을 서슴없이 내뱉곤 한다.

"난 평범한 가정에서 태어나서 좋은 기회를 잡기가 너무 어려워."

“재능이 없어서 나는 무슨 일을 해도 안돼.”

“체력이 딸려서 뭔가를 시작하기가 힘들어.”

“가게를 열고 싶은데 집이 가난해서 도움을 받을 수가 없어.”

혹은 ‘인간관계’가 자신을 지배한다고 생각하는 사람도 있다.

“좋아하는 사람과 결혼하고 싶지만 부모님이 반대해.”

“취직해서 내 일을 하고 싶은데 남편이 허락하지 않아서 걱정이야.”

“아이 키우느라 바빠서 하고 싶은 일을 못 하는 게 서글퍼.”

“아이를 다 키워놨더니 이번에는 부모님을 보살펴야 해.”

그리고 회사라는 ‘환경’이 자신을 지배한다고 생각하는 사람도 있다.

“남녀고용평등법이 있는데도 여자는 원하는 일을 하기가 너무 어려워.”

“회사에 내 일을 방해하는 직원이 있어.”

“상사가 내 재능을 조금도 인정해 주지 않아.”

“지금 있는 직장에는 싫은 사람이 너무 많아.”

이런 사람들은 자신의 부족함은 생각하지 않고 '저 사람이 방해를 해서 그 일을 할 수가 없어' 라며 타인을 원망한다. 또 자신을 둘러싼 환경이 나쁘다거나, 팔자를 잘못 타고나서 모든 일이 잘 풀리지 않는다고 생각하는 사람도 있다.

과연 정말 그럴까? '반짝반짝 미인' 은 결코 이런 생각을 하지 않는다. 위와 같은 생각은 '구질구질 추녀' 의 전유물이다.

이런 생각은 일종의 피해의식이라고도 할 수 있다. '구질구질 추녀' 는 자신은 항상 누군가에게 피해를 당하고 있다고 생각하며 자신을 희생자로 여기는 경향이 있다.

'구질구질 추녀' 는 불평불만이 많고, 누군가를 원망하고 욕하며, 우는소리를 해서 주위 사람들을 도망가게 만든다.

어쩌면 환경이 자신을 지배하는 힘 가운데 하나일 수 있다. 사람은 확실히 주변 환경에 어느 정도 영향을 받는다.

사람에게 영향을 미치는 환경으로는 날씨, 생활환경, 건강, 인간관계, 경제상황이 있다.

잔뜩 흐린 날보다는 맑게 갠 날에 마음이 더 가볍고, 집안이 어수선하게 어질러져 있는 것보다는 깨끗하게 청소되어 있는 편이 더 좋다. 감기에 걸려서 목이 아프고, 콧물이 줄줄 흐르는 것보다 건강할 때 행복을 느낀다. 회사에 싫은 사람이 있으면 자꾸 신경이 쓰이고 짜증이 난다. 그러나 인간관계가 원만하면 싫은 사람이 생길 리가 없다. 빚에 쫓겨 불안한 상태보다는 저축해 놓은 돈도 많고 안정된 수입을 올릴 수 있을 때 즐거운 마음으로 살아갈 수 있다.

이런 상반된 감정을 느끼는 이유는 우리가 인간이기 때문이다. 인간이기 때문에 더 안락하고 편안한 생활을 꿈꾸는 것이다. 대부분의 사람들은 이런 환경이 아니라 자신이 자신을 지배한다는 사실을 알고 있다. 그렇다면 자신을 지배하는 힘의 정체는 무엇일까?

그것은 '감정(기분)'이다.

'반짝반짝 미인'과 '구질구질 추녀'의 가장 큰 차이점은 자신의 감정을 제어할 수 있느냐, 없느냐에 있다. 반짝반짝 미인은 어떤 상황에서든 자신의 감정을 조절하여 좋은 기분을 유지할 수 있도록 노력한다. 기분이 좋으면 긍정적인 에너지가 몸의 내부에서 밖으로 퍼져 나가 주위 사람들에게 영향을 미쳐 행운을 불러 온다.

긍정적인 에너지를 내뿜는 사람을 보고 주위사람들은 '저 사람은 좋은 운을 부르는 행복한 사람이야'라고 생각하며 그 사람에게 행운을 주려고 노력한다. 즉 반짝반짝 미인이 내뿜는 긍정적인 에너지를 느끼고 자신도 행복해지길 바라는 마음에서 행운을 전하는 것이다. 어떤 일을 실현하려면 꾸준히 노력해야 한다. 그런 마음은 '좋은 감정'에서 비롯된다. 그러므로 항상 좋은 감정을 유지하면 긍정적인 에너지를 끊임없이 발산할 수 있다. 반면 '부정적인 감정'은 긍정적인 에너지가 발산되는 것을 가로막는다.

부정적인 감정이란, '귀찮아, 의욕이 생기질 않아, 나는 그 일을 할 수 없을 거야'라고 말하며 게으름을 피우고, 자포자기하는 것이다. 이런 부정적인 감정에 사로잡혀 있으면 행동하려는 에너지가 좀처럼 생기지 않으므로, 아무것도 하지 않은 채 시간만 덧없이 흘려보내게 된다.

하루하루 의미 없는 시간을 보내다 보면 인생 전체가 엉망이 되고 만다. 그리고 그 사실을 깨달았을 때는 어느 새 나이를 먹고 후회만 남게 된다. 그렇게 되면 그런 자신에게 다시 실망하게 되고 '난 역시 안 돼, 정말 안 돼' 하고 생각하면서 자신을 점점 싫어하게 된다.

자신을 싫어하게 되면 자연히 다른 사람을 부러워하거나 시기하는 마음이 고개를 쳐든다.

그뿐이라면 그래도 괜찮다. 이런 사람은 자신이 불행한 이유를 남의 탓으로 돌리고, 타인을 원망하며 괴로워하고 푸념하며 인생을 낭비한다. 심지어는 남에 대한 험담을 하거나 그의 앞길을 방해하기까지 한다.

그렇게 되면 사람이 점점 추해지고, 주위 사람들은 그에게서 점점 등을 돌려 고독한 인생을 살아가게 될 것이다. 고독한 인생을 살아가다보면 자신에 대한 생각이 많아져 더욱 자신을 혐오하게 된다. 이처럼 부정적인 눈으로 세상을 바라보면 이런 악순환의 고리는 영원히 끊어지지 않고 계속될 것이다.

당신이 만약 지금 우울하고 불행하다고 느낀다면 이런 상황에 처할 수 있으므로 주의해야 한다. 불쾌한 기분은 당신의 에너지를 고갈시킨다는 사실을 잊지 말자.

'이 세상에서 일어나는 크고 작은 분쟁은 모두 불행한 사람이 일으킨다'고 해도 과언이 아니다.

행복한 사람은 마음에 여유가 있고 남을 배려할 줄 안다.

진정한 평화는 정치와 경제에 의해 좌우되는 것이 아니라 한 사람 한 사람의 마음가짐에 달려 있다. 많은 사람들이 긍정적인 사고방식으로 행복한 삶을 살아간다면 진정한 평화에 좀더 가까이 다가갈 수 있을 것이다.

반짝반짝 미인은 '딱' 하고 떠오른 생각을 '척' 하고 행동으로 옮긴다.

그래서 반짝반짝 미인은 고민을 하지 않는다. 사람은 행동하기 시작하면 더는 고민을 하지 않기 때문이다. 현재가 아닌 과거에 집착하거나, 아직 다가오지 않은 미래를 생각하기 때문에 고민이 생기는 것이다.

사람들은 과거에 집착하며 종종 이런 말을 한다.

"그때 이렇게 했으면 좋았을 텐데……"

"이렇게 할 걸 그랬어."

"그 사람이 지난번에 이런 말을 했거든."

"그런 말을 들어서 너무 억울해."

언제까지 과거에 얽매어 인생을 낭비하고 싶은가? 나는 이런 상태를 '과거 집착' 혹은 '곱씹어 걱정한다'라고 말한다. 그리고 어떤 사람들은 아직 오지 않은 미래를 걱정하며 이렇게 말한다.

"앞으로 괜찮을까?"

"내가 잘 할 수 있을까?"

"실패하면 어쩌지."

"일이 잘 되지 않으면 너무 창피할 거 같아."

"잘 될지 안 될지 걱정이야."

그들은 이렇게 불행한 미래를 떠올리며 쓸데없이 걱정하고 불안해 한다. 나는 이런 상태를 '미래 불안' 또는 '미리 걱정한다'라고 말한다. 과거를 걱정하는 것도 문제지만, 미래를 미리 예상하고 걱정하는 것도 이로울 것 없는 행동이다. 이런 걱정을 하다 보면 불쾌한 기분만 쌓여갈 뿐이다. 걱정은 '불행'을 부른다. 기분이 나쁘면 몸 상태도 나빠지고, 몸 상태가 나쁘면 기분은 더 불쾌해진다. 이런 악순환의 고리를 끊지 못하면 영원히 불행한 삶을 살 수밖에 없다.

다음 장에서는 감정 상태에 따라 달라지는 삶의 모습을 소개하겠다.

잠재의식은 마법의 물병

당신은 인생의 '골든아워(golden hour)'가 언제인지 알고 있는가? 이것을 아느냐 모르느냐에 따라 당신의 운명은 하늘과 땅 차이로 달라질 수 있다.

먼저 당신의 인생을 지배하는 '잠재의식'에 대해 살펴보자. 정신분석가 프로이트는 "사람의 마음에는 의식과 잠재의식이 있다"라고 말했다.

사람이 깨어있을 때는 '의식'이 활동한다. 지금 당신이 이 책을 읽는 것도 의식의 활동이다. 따라서 사람은 '의식'이 자기 자신이라고 생각한다. 하지만 의식하지 않아도 책을 읽을 때 심장은 쿵쿵 요동치고 장에서는 소화와 흡수작용이 이루어진다. 당신이 깊이 잠들어 있는 순간에도 잠재의식은 활동한다. 잠재의식은 의식할 수 없는 활동이기 때문에 '무의식'이라고 부르기도 한다.

생리적 활동은 모두 잠재의식의 지배를 받는다. 특히 사람의 운명은 잠재의식, 즉 무의식의 지배를 받는다.

"인생에서 성공하고 싶다면 잠재의식을 자기 편으로 만들어야 한다." 이 말 그대로 잠재의식을 자기 편으로 만들 수 있는 사람은 건강과 행복, 행운을 다 잡을 수 있다.

그렇다면 지금부터 '의식'과 '잠재의식'의 특징을 살펴보자.

의식은 생각의 주인이며 이성적이고, 생각을 취사선택할 수 있다. 또 한 번에 한 가지 일만 실행할 수 있고, 어떤 일을 실현시키는 힘이 약하다. 이에 반해 잠재의식은, 생각의 하인이며 감정적이고, 모든 생각을 수용하며 한 번에 여러 가지 일을 실행할 수 있다. 또 어떤 일을 실현할 수 있는 강한 힘이 있다.

잠재의식은 크리스털로 만든 투명하고 커다란 '마법의 물병'과 같다. 여기에 매일 한 방울씩 무언가를 떨어뜨려 넣는다고 생각해 보라. 내용물은 자신의 선택에 따라 달라질 수 있다.

맑고 깨끗한 물을 넣으면 마법의 물병은 수정처럼 빛나게 되고, 거대한 크리스털 발신 장치처럼 진동하게 된다. 그리고 그 진동에 맞춰 멋지고 신비스러운 현상이 나타난다.

그런데 대부분의 사람들은 마법의 물병에 매일 부정적인 것, 즉 부족함, 결핍, 초조함, 불안감, 걱정, 짜증, 불만 등을 떨어뜨려 넣는다.

그 결과 마법의 물병은 부정적인 발신 장치가 되고 그 진동에 따라 부정적인 현상이 나타난다. '끼리끼리 모인다'는 말도 있듯이 부정적인 생각으로 가득한 사람 곁에는 부정적인 사람들만 모여든다. 그래서 마법의 물병에 부정적인 것을 떨어뜨리는 사람의 주변에는 푸념, 험담, 불평, 불만, 우는소리가 끊이지 않게 되는 것이다. '왜 내 주변에는 불행한 사람만 잔뜩 있을까' 하고 한탄해 봤자 아무 소용이 없다. 자신이 그런 상황을 초래한 것이다. 부정적인 진동을 퍼뜨려 자신과 비슷한 진동을 가진 사람을 스스로 끌어들인 것이다.

이 투명하고 커다란 마법의 물병을 맑고 깨끗하며 순수한 무언가로 채우고 싶지 않은가? 하루의 '골든아워'를 제대로 활용하면 그렇게 할 수 있다. 여기서 말하는 골든아워란 잠들기 전, 의식이 혼미해지는 순간을 말한다. 의식이 희미해지고 잠재의식으로 막 들어서는 그 순간이 바로 하루의 골든아워다. 이 순간에 '풍부함', '아름다움', '건강함', '편안함', '기쁨', '즐거움' 등을 영상화시켜 말하면서 자신에게 주입하면 행운을 부를 수 있다. 골든아워는 잠재의식이 가장 왕성하게 활동하는 시간이기 때문이다.

오늘부터 당장 지금 소개하는 효과 만점의 '마법주문'을 외우고 잠들기 바란다.

"아, 행복해. 나는 정말 운이 좋은 사람이야."

괴로운 일이 있거나 스트레스와 피곤에 찌들었을 때, 우울한 일이 있을 때 이 주문을 외워 보자. 분명 당신의 생활에 커다란 변화가 있을 것이다. 당신의 선택에 따라 당신은 행복해질 수도, 불행해질 수도 있다. 오늘부터 잠재의식의 주인이 되어 자유자재로 사용하면서, 꿈을 실현시키는 강력한 힘을 키우기 바란다.

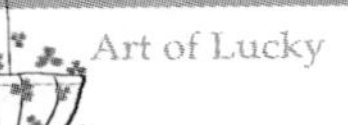

유명인이 말하는 행운을 부르는 기술 I

"전 처음에 일을 시작할 때 일이 잘 되지 않으면 어쩌나 하고 불안해하지 않아요. 점점 일이 잘 될 거라고 생각하며 즐겁게 일해요. 그리고 잠들기 전에 하루를 되돌아보고 '아, 오늘 정말 즐거웠어' 라고 생각하면 기분도 좋아지고 잠도 잘 오더라고요. (중략) 슬픈 얼굴은 남에게 보이면 안 된다고 생각해요. 그래서 슬픔은 마음속에 감춰두고 즐거운 일만 떠올리려고 해요."

〈도쿄 신문(東京新聞)〉 2004년 2월 7일 석간에서 발췌

일본 최고의 청춘스타인 마쓰우라 아야가 한 말이다. 마쓰우라 아야는 10대인데도 자신의 감정을 조절하는 비결을 잘 알고 있다.

고민이나 불행은 행동을 멈추었을 때 나타난다. 그런데 그녀는 "점점 일이 잘 될 거라고 생각하며 즐겁게 일해요"라며 생각을 바로 행동으로 옮긴다.

안 좋은 감정이나 우울한 기분은 주위 사람에게 좋지 않은 영향을 끼친다. 그래서 그녀는 "슬픈 얼굴은 남에게 보이면 안 된다고 생각해요"라며 주변 사람을 배려하고, 자신의 감정을

잘 제어하며 활동하고 있다.

그리고 마쓰우라 아야는 잠들기 전인 '골든아워' 에 그 날 있었던 즐거운 일을 떠올려서 잠재의식에 주입시킨다.

이렇듯 주위에 영향력을 끼치는 행운 미인은 무의식적으로 행운에 대해 파악하고 있기 때문에 남을 배려하고 자신의 감정을 제어할 줄 안다.

당신도 마쓰우라 아야처럼 긍정적으로 생각하는 습관을 들이면 분명 행운 미인이 될 수 있다.

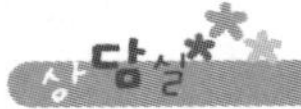

미스터 괜찮아 "무엇이든 상담하세요"

연애와 미용

Q 남자 친구를 사귀고 싶어요. 제가 좋다고 하는 사람이 있기는 하지만 이상형이 아니거든요. 어쩌면 좋을까요?

A 그럴 때는 '잠재의식'에 맡겨 보세요. 먼저 이상형인 남자의 조건을 열거해보세요. 어려울 건 없어요. 그냥 솔직하게 자신의 마음을 드러내면 되는데 이때 모순된 항목이 있어서는 안 됩니다. 혹시 결혼한 사람 가운데 이상형이 있다면 그 사람의 이름을 써서는 안 되겠죠. 나중에 문제가 생길 수도 있으니까요. 하하.

이상형이라고 생각하는 사람의 특징을 손으로 또박또박 쓰면 됩니다.

그 사람을 '내가 사랑하는 사람'이라고 생각합시다. 그리고 매일 밤 종이에 써 보세요. 그러면 오늘 밤부터 '사랑하는 사람이 곧 나타날 것 같다!' 라는 설렘을 안고 잠들 수 있어요.

자, 이제 당신은 생각지 못한 만남을 기다리기만 하면 됩니다. 잠재의식이라는 신비한 힘을 믿고 기다려 보세요.

Q 남자 친구가 정말로 저를 사랑하는지 알고 싶어요. 아닐까 봐 너무 불안해요.

A 확신이 들지 않으면 불안한 마음이 드는 게 당연해요. 이런 불안감은 남자 친구에게 바로 전달되고 그는 당신에게서 답답함을 느끼게 됩니다. 당신은 점점 더 그의 말과 행동을 점검하고, 항상 자기만 바라보라며 그를 속박하게 됩니다.

그렇게 되면 당신의 매력도 반감되고 맙니다. '매력은 상대방에게 무언가를 내주면 늘어나고, 뺏으면 줄어든다' 라는 법칙이 있어요. 상대를 속박한다는 것은 상대의 자유를 뺏는 것이므로 그에게 당신은 귀찮은 존재가 되는 거죠.

따라서 이 문제를 해결하기 위해서는 당신의 매력을 높이는 수밖에 없어요. 그러니까 그가 당신을 사랑할 수밖에 없도록 멋진 '당신' 으로 거듭나야 한다는 말입니다.

그러기 위해서는 먼저 자신을 사랑해야 합니다. 자신에 대한 신뢰, 즉 자신감을 가지라는 겁니다.

그리고 당신은 연애 외에 뚜렷한 목표를 세워야 합니다. 자신이 하고 싶은 일, 자기다움을 발휘할 수 있는 일을 발견한 후 그 일에 몰두해 보세요. 그러면 당신의 모습은 반짝반짝 빛나게 됩니다. 마침내 그는 당신의 반짝이는 아름다움에 온통 마음을 뺏기고 당신은 사랑받고 있다는 확신을 갖게 되겠죠.

Q 술을 많이 마신 다음 날 아침, 만원 전철 안에서 창문에 비친 제 얼굴을 보고 소스라치게 놀랐습니다. 초췌한 모습이 꼭 중년여성 같았어요. 정말 충격이었어요!

A 충격을 받았다고요? 그럼 그 충격을 자신에 대해 반성할 수 있는 좋은 기회로 바꿔 보세요. 사람은 뭔가 충격을 받지 않으면 좀처럼 자신을 바꾸려고 하지 않는 경향이 있어요.

살다 보면 억지로 술을 마셔야 할 때도 있고, 술에 취하고 싶을 때도 있습니다. 하지만 절대로 술에 의존해서는 안 돼요. 술을 마셔서 현실을 도피하려는 행동은 습관이 되기 쉬워요. 스트레스가 쌓였을 때는 술 말고 다른 것으로 스트레스를 해소해야 합니다.

이때 중요한 점은 초췌한 모습을 거울에 비추어 보면 안 된다는 겁니다. 잠재의식에 자신의 초췌한 모습을 각인시켜서는 안 된다는 말이에요.

그렇게 그 모습이 잠재의식에 각인되면 초췌한 모습을 진정한 자신이라고 착각하게 되어, 초췌한 모습이 점점 현실화되기 때문입니다.

초췌해졌다고 느낄 때 거울을 보고 싶다면 의식적으로 방긋 웃어 보시기 바랍니다.

Q 아이를 낳을 때마다 10킬로미터씩 불어나더니, 지금은 몸무게가 80킬로그램이나 됩니다. 어떻게 하면 좋을까요?

A 출산 후 체중이 부는 가장 큰 원인은 골반의 느슨해짐 때문입니다. 골반을 조이는 체조 등이 상당히 효과적이에요.

그리고 위를 향해 누워 있다가 발끝을 안쪽으로 뒤틀면서 일어나면 아주 좋습니다.

다른 원인으로는 식사의 불균형을 들 수 있어요. 아이를 키우면서 너무 바빠 허겁지겁 먹을 때가 많죠.

하지만 그래서는 안 됩니다. 빨리 먹으면 과식하기 쉬워요.

그리고 식사를 대충하면 비타민과 미네랄 등 미량 영양소가 부족해져서 신진대사에 이상을 일으킬 수 있습니다.

당신은 가족의 건강을 책임지고 있는 사람이므로 음식과 건강의 상관관계에 대해 좀더 공부해야 합니다. 그렇다고 건강 전문가가 될 필요는 없어요. 기본 영양소에 대한 지식만 있으면 충분합니다. 다음 장에 소개할 '깊이 있는 지식 코너' 의 '잠재의식 다이어트법' 도 한번 시도해 보기 바랍니다.

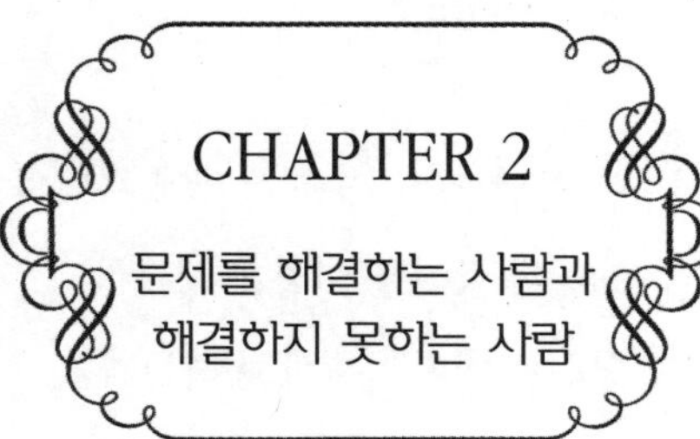

CHAPTER 2

문제를 해결하는 사람과
해결하지 못하는 사람

우리는 살아가는 동안 크고 작은 문제에 부딪치게 된다. 이런 문제와 마주쳤을 때 당신은 어떻게 생각하고, 어떻게 행동하는가? 그리고 당신은 어떤 유형에 속하는가?

1. 전혀 좌절하지 않고 바로 다음을 향해 전진하는 유형
2. 한동안 좌절하거나 고민하지만 어떤 계기로 다시 일어서는 유형
3. 계속 좌절한 채로 있는 유형

이것을 그림으로 만들어 보면 다음과 같다.

유형1에 해당하는 사람은 문제가 일어났을 때 생각을 바로 행동으로 옮긴 후 문제에서 빠져 나온다. 성공한 사람이나 '반짝반짝 미인'이 유형1에 속한다. 그런데 대부분의 사람은 유형2와 같이 한동안 좌절한 후 누군가의 조언을 듣거나 책을 읽고 힌트를 얻어, 행동으로 옮기고 문제를 해결한다. 유형2의 사람이 다른 유형에 비해 압도적으로 많다. 유형3에 해당하는 사람은 문제에 부딪치면 계속 좌절한 채로 있으며, 우울한 기분에 사로잡혀 문제를 점점 더 크게 만든다.

당신은 어떤 유형에 속하는가?

눈에 보이는
세계(현상)
데굴 데굴
행동
유형 1
문제
눈에 보이지않는
세계(마음)
유형 2
깨달음
계속 어떻게 하지
......
그래!
어떻게 하지......
유형 3
좌절하고 고민한다
좌절하고 고민한다

상처가 대단하지
않아서 다행이야 스커트는
세탁하면 깨끗해질 것이고
사람들한테 내가 넘어졌던
이야기를 해서
웃겨줘야겠다
천국같은인생
태연함
탁탁
탁
문제
긍정적인 행동
부정적인
행동
쿵
아얏
아, 왜
이렇게 재수가 없을까
사람들이 봐서 너무 창피해
전철도 놓쳤고 회사도 지각했고
과장님한테 야단맞았어
정말싫다
흐흐흑
지옥같은인생

당신에게는 인생에서 어떤 문제가 발생했을 때, 그 문제를 받아들이는 나름의 방식이 있을 것이다. 그리고 그 방식에 따라 당신의 미래가 결정된다.

다음의 그림은 '인생의 갈림길, 감정의 소용돌이'를 나타내고 있다. 문제에 어떻게 대처하고 행동하는가에 따라 '천국 같은 인생'을 살 수도 있고, '지옥 같은 인생'을 살 수도 있다.

'감정의 소용돌이'를 자세히 살펴보면 세 번의 '감정 주기'가 있음을 알 수 있다. 다음 그림을 살펴보자. 문제가 일어났을 때 계속해서 긍정적인 행동을 취하면 '천국 같은 인생'을 살게 되는데, '반짝반짝 미인'은 유형A에 속한다. 문제가 일어났을 때 부정적인 행동을 취하면 '지옥 같은 인생'을 살게 되는데, '구질구질 추녀'는 유형C에 속한다. '나는 반짝반짝 미인이 될 수 없을 거야'라는 생각이 들어도 괜찮다. 조금씩 높은 단계로 올라가면 된다. '반짝반짝 미인'이 되고 싶다면 어떤 문제가 발생했을 때 유형B처럼 해 보기 바란다. 유형B는 '반짝반짝 미인'이 되기 직전의 단계에 있는 사람이다.

세 번의 감정 주기

'이정도쯤이야!'
문제
A
긍정적인행동
상큼한미인
반짝이는 사랑의 힘
행복한행동
꿈을 향해나이까지!
A
B
중얼중얼,
깐죽깐죽,
투덜투덜‥
문제
상큼한미인
힘내자!
긍정적인행동
B
문제
감정의 혼란
어, 어
그래서 말이지
또다른 자신과 상담하는곳
마음의 독소를 제거한다
심
하
다써
구질구질수녀
문제
감정의 혼란
C
감정의 노예화
부정적인행동
독소의 전염, 전이

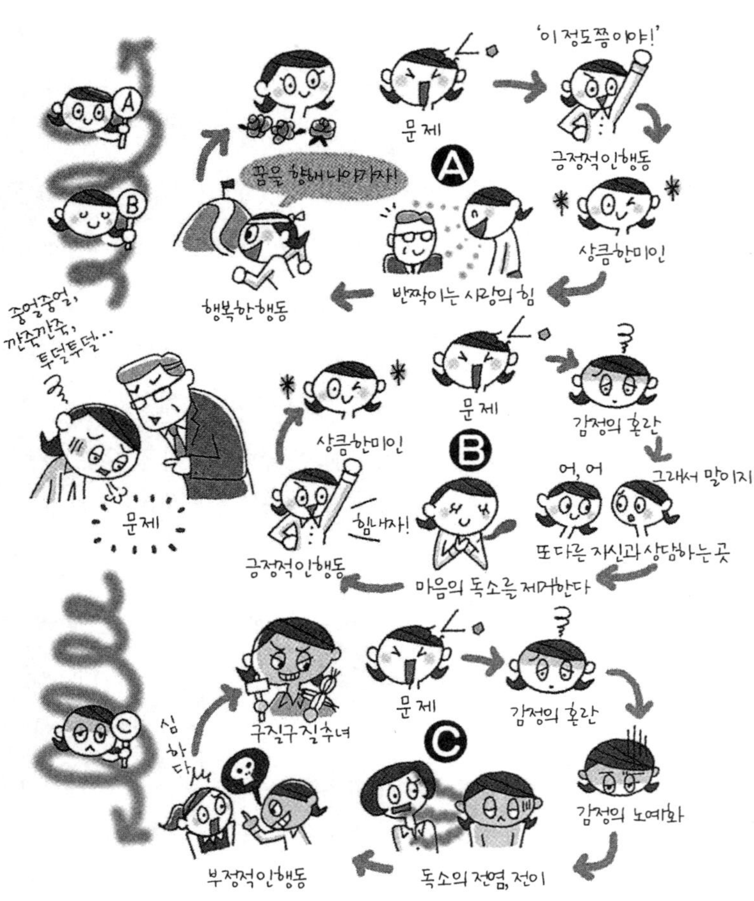

지금부터 유형B를 중심으로 '감정 주기'를 설명해 보겠다.

당신은 '문제'에 부딪쳤을 때 어떤 '생각'을 하는가? 아마도 '짜증나', '큰일이야', '충격이군', '슬프다'라고 생각하며 갈팡질팡할 것이다.

나는 이것을 '감정의 혼란'이라고 부른다.

참고로 유형 A에 속하는 사람은 '감정의 혼란'을 겪지 않는다. 만일 겪더라도 잠시 동안만 혼란스러워 할 뿐 바로 다음 행동을 취한다. 사람이기 때문에 당연히 우울할 때도 있고 고민할 때도 있다. 문제는 얼마나 빨리 '감정의 혼란'에서 벗어나는가에 있다. '무슨 일이든 시간이 해결해 준다'라는 말이 있다.

이 말 그대로 어떤 문제든 모두 시간이 해결해 준다. 우리는 시간의 흐름 속에서 다른 사람의 격려를 받거나, 텔레비전 프

로그램이나 책에서 가슴에 와 닿는 말을 발견하고 깨달음을 얻어 새로운 인생을 살아간다. 하지만 '감정의 혼란'에 농락 당하거나 지배를 당하면 좀처럼 다음 행동을 취할 수 없고, 계속 우울한 상태로 머무르게 된다. 절대로 이래서는 안 된다. '구질구질 추녀'는 자신의 감정에 지배를 받기 때문에 유형C 의 상태에 빠지기 쉽다.

　문제가 발생했을 때 고민하는 시간이 짧을수록 '반짝반짝 미인'에 가까워질 수 있다. 최대한 빨리 자신의 감정을 추스르려면 어떻게 해야 할까? 자신의 감정을 제어할 수 있으려면 '또 다른 자신'과 만나야 한다. 이 말은 곧 문제를 객관적으로 바라보라는 뜻이다. 감정에 사로잡히면 문제를 주관적으로 바라보게 된다. 이럴 때는 또 다른 자신에게 그 일에 대해 어떻게 생각하는지 물어 보라.

예를 들어 아침 출근 시간 만원 지하철에서 누군가가 당신의 발을 밟았다고 치자. 아끼는 구두에 타인의 발자국이 찍히면 당신은 화가 나서 이렇게 생

각할 것이다.

'미안하다는 말 한 마디도 없네. 짜증나, 나도 확 저 놈의 신발을 밟아버릴까?' 이런 감정을 느낄 때, '또 다른 자신'을 만나 보자. 그리고 이렇게 물어 보자.

"넌 이 일을 어떻게 생각해."

'또 다른 자신'은 다음과 같이 대답할 것이다.

"저 사람은 자기가 누군가의 발을 밟은지 모르는 것 같은데, 너도 혼잡할 때 다른 사람 발을 밟은 적이 있잖아. 일부러 그런 것도 아닌데 그냥 용서해 줘."

이처럼 또 다른 자신과 이야기를 하다 보면 제3자의 눈으로 자신을 바라볼 수 있으므로 객관적인 답을 얻을 수 있다. 만약 당신이 감정이 혼란한 상태에 빠진다면 당신 안에 살고 있는 '또 다른 자신'과 상담을 해 보기 바란다.

또 다른 자신과 만나서 자신의 문제를 냉정하게 바라보아도 여전히 화가 치밀거나 짜증스러운 마음이 남아 있을 때가 있다. 그럴 때는 '마음의 독소를 제거'하는 기술을 사용해 보자.

'언어'는 사람의 기분에 커다란 영향을 미친다. 그리고 그 힘은 매우 크다.

우울할 때 부정적인 말을 내뱉게 되면 기분이 더 나빠지고, 상황도 더 악화된다.

예를 들어 나쁜 상황이 벌어졌을 때 "안 돼", "내게는 무리야", "이제 싫다", "왜 이렇게 재수가 없을까", 라는 부정적인 말이나 푸념을 계속한다고 하자.

이런 부정적인 말을 함으로써 자신의 기분을 더욱 우울하고 나쁘게 만들면 악운을 부를 수 있다.

이런 습관은 빨리 고쳐야 하는데, 그것이 말처럼 쉽지가 않다. 부정적인 말을 계속하다 보면 어느 새 습관으로 굳어져 자신도 모르게 입버릇처럼 사용하게 되기 때문이다. '절대로 부정적인 말은 하지 말아야지' 하고 의식적으로 생각하면 긴장하게 되므로 오히려 역효과를 나을 수 있다. 그래서 나는 사람들에게 완벽주의를 목표로 삼지 말라고 충고한다. 오늘부터는 자신에게 이렇게 말해 보자. 부정적인 말 한 마디는 신도 허락해 주시리라.

"안 돼, 라고 어제까지는 말했지."

"내게는 무리야, 라고 어제까지는 말했지."

"이제 싫어, 라고 어제까지는 말했지."

"난 왜 이렇게 재수가 없을까, 라고 어제까지는 말했지."

이런 식으로 먼저 부정적인 말을 한 다음에 "…… 라고 어제까지는 말했지"라고 덧붙이면 마음을 단숨에 변화시킬 수 있다. 이것을 나는 '순간회복법' 이라고 부른다.

앞서 예로 들었던 만원 전철에서 남에게 발을 밟히는 일과 같은 '문제' 가 생겼을 때 이렇게 말해 보기 바란다.

"왜 사과하지 않는 거야!?, 라고 어제까지는 말했지."

"짜증 나! 라고 어제까지는 말했지."

어떤가? '마음의 독소' 가 줄어들 것 같은 느낌이 들지 않는가? '언어' 는 마음의 독

소를 제거하는 강한 힘이 있다.

"괜찮아, 괜찮아."

"난 운이 좋아, 운이 좋아."

"고마워."

"감사합니다."

"덕분이에요."

'순간회복법'을 믿고 당신도 이제부터 긍정적인 말을 되뇌기 바란다.

　그렇다면 단숨에 제거할 수 없는 마음의 독소는 어떻게 해야 할까? 먼저 종이를 준비해 보자. 어떤 종이라도 상관없는데 광고지 뒷면이 백지라면 그곳을 이용해 보자. 종이는 가로로 길게 놓는다. 그리고 한가운데에 위에서 아래로 세로 선을 긋는다. 종이를 반으로 나누었으면 위쪽에 가로 선을 길게 그어 본다. 그곳에는 표의 항목을 적어 본다.

　당신이 과거에 싫어했던 일, 괴로워했던 일, 화가 났던 일 등 마음의 상처로 남은 일을 종이 위에 쓴다.

　예를 들면 왼쪽 칸에는 "2004년 9월 26일, 총무부의 선배가 휴게실로 나를 불러내 터무니없는 소리를 하면서 내 인격을 모독했다." 그리고 오른쪽 칸에는 마음 한 구석에 억눌러 놓았던 솔직한 심정을 전부 털어놓는다.

　"왜 내가 이런 말을 들어야 하나. 정말 농담이 아냐. 너는 최악인 인간이야. 인기도 없는 못난이 주제에……"라고 솔직하게 때

로는 살의를 담아 쓰고 싶은 대로 쓴다.

자, 이제부터가 중요하다. 당신의 심정을 솔직하게 적은 종이를 불에 태워버려야 한다. 그때 "아, 이렇게 함으로써 나쁜 감정은 모두 사라졌다. 기분이 상쾌해졌다"라고 말하며 나쁜 감정이 모두 사라지는 상상을 한다. 모쪼록 이 종이를 다른 사람이 보지 않게 주의하기 바란다.

이런 식으로 여러 번 반복하는 사이에 마음이 홀가분해지는 신비스러운 현상이 일어난다.

예전에 내가 몇 사람을 모아 놓고 세미나를 열었을 때 어떤 여성으로부터 상담요청을 받은 적이 있다. 그녀는 부동산 회사에 입사해서 영업직에서 일했는데, '최고의 실적을 올린다'는 명확한 목표가 있었고 입사 반년 만에 목표를 달성했다.

그런데 그녀의 성과를 시기하던 선배 여사원이 그녀가 하는 일에 사사건건 트집을 잡았고 두 사람은 크게 다투었다. 그 후 선배 여사원은 회사에 다니기 껄끄러웠는지 끝내 회사를 그만두었다.

감정의 갈등을 겪고 앙금이 남으면 기분도 안 좋고 씁쓸함이 남는다. 그래서 그녀는 이런 일이 있은 뒤 다시 최고의 실적을 올리고 싶다는 생각을 했지만 누군가 방해할지도 모른다는 불안감에 사로잡혀 의욕을 잃었고 내게 상담을 청했던 것이다.

그래서 나는 '감정정화법'을 소개해 주었고 그녀는 지푸라기라도 잡는다는 심정으로 열심히 실천했다. 마음 속에 쌓아두었던 나쁜 감정의 내용을 밤마다 쓰고 태우고, 또 쓰고 태웠다. 2주일이 지난 후 마음 속에서 무언가가 빠져나가는 느낌이 들었고 홀가분한 기분이 되었다고 한다. 신기하게도 다음 날 회사에 출근했더니 책상 위에 그녀와 다투고 회사를 그만두었던 선배 여사원의 편지가 놓여 있었다.

편지를 뜯어 보니 "지난번에는 정말 미안했어.

집에 여러 가지 문제가 있어서 머리가 복잡했는데, 나도 모르게 그만 너한테 화풀이를 했던 것 같아. 그런 사정이 있었으니까 부디 용서해 줘"라고 써 있었다.

정말 신기한 일이 아닐 수 없다. 아무리 생각해도 우연치고는 그 시기가 너무 절묘하다.

이 세상에는 텔레비전이나 휴대전화 등이 내뿜는 다양한 전파가 날아다니고 있고, 그 전파는 눈에 보이지 않는다.

그리고 텔레비전이나 휴대전화의 전파는 발신하는 쪽과 수신하는 쪽이 있다. 쌍방의 전파가 일치했을 때 텔레비전을 볼 수 있고 휴대전화로 대화도 나눌 수 있다.

마찬가지로 우리의 생각도 전파처럼 자유자재로 공중을 날아다니고 같은 파장의 사람과 공명하는 것이 아닐까. 아마도 그래서 끼리끼리 모인다는 말도 생겨난 것이리라.

생각은 감정의 영향을 크게 받는다.

나쁜 감정이 그대로 남아 있으면 아무래도 부정적으로 생각하기 쉬워진다. 그리고 같은 생각을 가진 사람들은 서로의 파

장으로 인해 함께 모이게 된다. 그러므로 부정적인 사람이 주
변에 모이지 않도록 긍정적인 생각을 하기 위해 노력해야 한다.

'또 다른 자신'과 만나고 '마음의 독소를 제거'하는 기술을 이용해서 마음이 안정되고 홀가분해졌다면 이번에는 운이 점점 좋아지고 '반짝반짝 미인'이 되는 '긍정적인 행동'을 실천해 보기로 하자.

제1장에서 '반짝반짝 미인'과 '구질구질 추녀'의 갈림길이며 자신을 지배하는 힘은 '감정'이라고 했다.

'감정', 즉 '이모션(emotion)'을 어떻게 하면 잘 제어할 수 있을까? '감정'을 제어할 수 있는 방법은 'emotion'이란 단어에 있다. 이 단어의 앞에 있는 'e'라는 철자를 하나 빼면 정답이 나온다.

다시 말해 'emotion'에서 'e'를 빼면 'motion'이란 단어가 되는데 'motion'은 움직임, 동작, 행위, 자세, 태도를 의미하고 이것으로 기분을 제어할 수 있다.

나는 강의를 할 때 다음과 같은 실험을 시킨다. 두 사람씩 짝을 짓고 서로를 향해 "이나이 이나이 바(웃는 얼굴을 만들기 위해 저자가 사람들에게 시키는 말-역주)"라고 말하라고 한다. 그러면 모두 크게 웃는다. 아무리 근엄한 얼굴을 하고 있는 사람도 이 말을 들으면 활짝 웃는다. 즐겁지 않아도 웃으면 즐거워진다.

미국의 유명한 행동 심리학자 윌리엄 제임스(William James)는 '사람은 행복하기 때문에 웃는 것이 아니라 웃기 때문에 행복한 것이다', '사람은 슬프기 때문에 우는 것이 아니라 울기 때문에 슬픈 것이다'라고 말했다.

즉 'emotion'은 'motion'으로 제어할 수 있다는 것이다.

'motion'은 움직임이고 형태다. 일본의 전통적인 다도와 꽃꽂이 등의 세계나 무도(武道)의 세계에서는 '먼저 형태부터 갖추어라'라고 말한다. 이는 곧 형태를 갖추어야 어떤 일을 시작할 수 있다는 뜻이다. 여기서 형태란 행동을 의미한다.

당신이 지금 만약 우울하다고 느낀다면 쓸데없이 고민하지 말고 다음과 같이 행동해 보라.

- 머리 모양을 바꾼다

- 멋을 낸다

- 가슴을 편다

- 빨리 걷는다

- 허리를 편다

- 목소리를 크게 낸다

- 산에 오른다

- 여행을 한다

- 샤워를 한다

- 방 정리를 한다

이처럼 고민하기 전에 먼저 행동하는 것이 정신건강에도 좋고 기분을 전환하는 데 큰 효과를 발휘한다.

일이 생각대로 되기 때문에 기분이 좋아지는 것이 아니라, 기분이 좋기 때문에 일이 생각대로 진행된다는 사실을 꼭 기억하기 바란다.

이렇게 긍정적으로 생각을 하면 일상적인 문제에 집착하지 않는 '상큼미인'이 될 수 있다. 상큼미인은 반짝반짝 미인의 전 단계에 있다.

나는 성숙하고 깨끗한 마음을 가진 사람을 상큼미인이라고 부른다. 상쾌한 기분을 가지면 새로운 마음으로 모든 일에 임할 수 있다. 앞서 예로 들었던 만원 지하철 이야기에서처럼 감정의 혼란을 느낄 만한 상황에 처했을 때는, 내면에 존재하는 또 다른 자신을 만나고 마음의 독소를 제

거하여 상쾌한 기분을 만들고 긍정적인 행동을 취하자. 이렇게 문제에 집착하지 않는 상큼미인이 되면 신기한 일이 벌어진다. 예를 들면 아침에 좋아하는 사람을 우연히 만나 그에게서 이런 이야기를 듣게 될지도 모른다.

"아침부터 당신의 웃는 얼굴을 보니 기분 좋은데……."

반면, 감정에 이리저리 이끌려 다니는 '감정의 노예(유형C는 나중에 설명하겠다)'가 되어 구질구질 추녀의 모습을 하고 있다면 어떤 일이 벌어질까?

♥ 부정적인 행동이 구질구질 추녀를 만든다

최근에는 안타깝게도 유형C처럼 행동하며 계속 우울해 하는 사람이 많은데, 이렇게 하다간 자칫 인생을 엉망으로 만들어버릴 수 있다.

'감정의 혼란'이 일어났을 때 그 문제에 집착해서 질질 끌면 '감정의 노예'가 되기 쉽다. 즉, 객관적으로 자신을 볼 수 없게 되어버리는 것이다.

그리고 자학이라는 함정에 빠지게 되는데, 이것을 학문적으로는 '독소의 전염과 전이'라고 한다. 자학은 언뜻 겸손한 이미지로 비쳐질 수 있는데 절대로 그렇지 않다.

자학을 하면 기분이 단숨에 어두워지기 때문이다. 또 주변 사람에게 어두운 분위기를 퍼뜨리는 등 좋지 않은 영향을 준다. 자학도 나쁘지만 자신의 나쁜 운명을 타인의 탓으로 돌리며 원망하는 것은 정말 최악이다. '구질구질 추녀'는 '이 사람이 나쁘다', '저 사람이 나쁘다'라며 주위 사람과 온 세상을 적으로 돌린다.

이렇듯 주변 상황이나 사람들에게 무턱대고 분풀이를 하거나 푸념을 하며 어두운 얼굴을 보이는 것을 '부정적인 행동'이라고 한다.

부정적인 행동을 하다 보면 자신도 모르게 구질구질 추녀로 변하게 된다. 부정적인 행동이 기분을 다운시키고 악운을 부르기 때문이다.

어떤 상황이 닥치든지 자신의 운명은 자신이 헤쳐 나가야 한다. 아무도 당신의 인생을 대신 살아 줄 수는 없다. 그 점을 꼭 기억하기 바란다.

감정을 조절하는 일이 중요하다는 사실은 누구나 알고 있다.

어떤 문제가 일어났을 때 얼마나 감정을 잘 제어하는가에 따라 결과는 하늘과 땅 차이로 달라진다. 감정을 처리하는 방법이 조금만 잘못되어도 '구질구질 추녀'가 될 수 있으니 주의하자. 그러나 애석하게도 대부분의 사람들은 이 점을 깨닫지 못하고 있다. 그래서 삶 속에서 여러 가지 문제에 부딪치고 그때마다 마음이 흔들리는 등 감정의 동요를 느끼게 된다.

여기서 당신에게 문제를 하나 내겠다. 빈 칸을 채워 보자.

"나는 당신을 ○○한다. 내가 ○○○○ 위해서……."

어떤 말이 들어갈까? "나는 당신을 사랑한다. 내가 행복하기 위해서……?"

잘했다. 하지만 그것은 내가 원하는 답이 아니다. 내가 강연회에서 이 문제를 내면 대부분의 사람이 이렇게 답한다. 물론 상당히 수준 높은 답이지만 내가 원하는 답은 다음과 같다.

"나는 당신을 용서한다. 내가 자유롭기 위해서……."

당신의 위의 말을 어떻게 생각하는가? 이 세상에서 가장 강력하고 부정적인 감정은 다른 사람을 원망하고 미워하는 것이다. 이런 감정을 갖고 있으면 마음은 평생 자유로울 수 없다.

나는 이와 같은 감정을 '집착'이라고 한다. 즉 한 대상에 얽매이고, 사로잡히거나 연연해 하는 것이다.

물론 좋은 의미에서 무언가에 집착하는 것은 바람직하지만, 아무래도 상관없거나 부정적인 일에 집착을 하는 것은 문제를 일으킬 소지가 있다. 이 말은 곧 부정적인 일에 집착해서 평생을 망쳐서는 안 된다는 의미다.

여기서 우리 어머니와 관련된 일화를 하나 소개할까 한다.

우리 어머니는 가엾게도 한 가지 문제에 집착해서 인생을 낭비했다. 어머니는 내 형수, 즉 며느리를 평생 미워하며 사셨다. 형과 형수가 신혼여행에서 돌아왔던 그 날부터 어머니의 강렬한 미움은 시작되었다.

어머니는 여자 혼자 몸으로 갖은 고생을 하며 아들 삼형제를 키웠다. 게다가 어머니는 중국인으로 친척이라고는 한 명도 없는 일본 땅에서 일본인인 아버지 한 사람만 믿고 사신 분이다. 그러다 아버지가 돌아가시자 자신의 몸은

돌보지 않고 아이들을 위해 끊임없이 헌신하셨다.

그런 어머니가 형과 형수가 신혼여행에서 돌아오자 신혼집으로 신선한 생선을 들고 찾아갔다.

그런데 그때 형수가 기분 좋게 어머니를 맞아 주지 않았던 모양이다. 아마도 형수는 피곤했던 것 같다. 그때 어머니가 "그럼 나중에 다시 올 게"라며 아무렇지도 않은 듯 발길을 돌리셨다면 좋았을 텐데, 어머니는 며느리의 무성의한 태도에 몹시 화를 내셨다.

그 후 어머니는 그 일에 앙심을 품고 계속 며느리를 미워하셨다.

그리고 계-속

계-------속

언제까지나 계-------속

결국 어머니는 치매에 걸릴 때까지 며느리를 미워하셨다.

'망각은 신이 주신 선물'이라는 말이 있다. 나는 어머니의 모습을 보며 그 말을 절감했다.

어머니는 치매에 걸린 후 그토록 미워했던 며느리에 대해 완전히 잊었다. 어머니의 괴로움을 거두어 가기 위해 신이 망각이란 선물을 주셨다는 생각이 들었다.

치매에 걸리기 전에 어머니가 얼마나 며느리를 미워했는지 단적인 예를 들어 보겠다.

당시 나는 도쿄 근처에서 생활하고 있었다.

봄에 고향인 에히메현 마쓰야마로 돌아가 어머니와 벚꽃 구경을 하러 갔을 때 일이다. 벚꽃이 만개한 나무 아래서 "어머니, 벚꽃 좀 보세요. 활짝 핀 모습이 정말 보기 좋죠?"라고 말했다. 어머니는 벚꽃을 쳐다보면서도 마음 속으로 미운 며느리의 얼굴을 떠올리는지 씁쓸한 표정을 짓고 계셨다. '마음이 없으면 보이지 않는다' 는 말처럼 어머니의 마음은 벚꽃이 피어있는 곳에 없었다.

한번은 이런 일도 있었다. 고향집에 목욕탕이 없어서 근처 대중목욕탕에 어머니를 모시고 갔다가 돌아오는 길에 바라본 밤하늘이 운치가 있고 멋졌다. 그래서 나는 어머니에게 "정말 아름답죠? 하늘에 별이 아주 많아요!"라고 말했다. 어머니는 고개를 들어 별을 바라보았지만, 그 눈은 다른 생각을 하고 있는 듯 보였다. 아마도 미운 며느리 생각을 하고 있었으리라. 이렇듯 어머니는 미운 며느리 생각으로 괴로워하느라 진정으로 아름다운 많은 것들을 놓치고 말았다. 어머니의 마음은 평생 미움이라는 감옥에 갇혀 있었다. 이 감옥에서 빠져나오는 방법은 단 하나, 용서라는 열쇠로 자신의 마음에 걸어 놓은 자물쇠를 여는 것이다. 자신의 마음에 자유를 주려면 미워했던 누군가를 용서해야 한다.

'나는 당신을 용서한다. 내가 자유롭기 위해서……'

♥ 우울한 기분일 땐 쓸데없이 고민하지 말고 다음과 같이 행동해 보라.

- 머리 모양을 바꾼다

- 멋을 낸다

- 가슴을 편다

- 빨리 걷는다

- 허리를 편다

- 목소리를 크게 낸다

- 산에 오른다

- 여행을 한다

- 샤워를 한다

- 방 정리를 한다

고민하기 전에 먼저 행동하는 것이 정신건강에도 좋고 기분을 전환하는 데 큰 효과를 발휘한다. 기분이 좋아지면 생각했던 일들이 술술 풀려나간다.

고운 피부와 날씬한 몸매를 위한 비결

사람은 자고 있을 때 단순히 휴식만 취하는 것이 아니다. 자는 동안 잠재의식은 여러 가지 활동을 한다.

잠재의식이 하는 가장 큰 일은 '신체치유'다. 쉽게 말하면 신체의 회복 작업으로, 쌓였던 피로를 풀고 상처 입은 곳을 낫게 하며, 병원균을 물리치는 일을 잠재의식은 자고 있을 때 실행한다. 예를 들어 커다란 상처를 입으면 기절을 하거나 혼수상태에 빠지게 되는데, 이것은 의식을 쉬게 하고 잠재의식이 상처의 치유를 최대한 순조롭게 진행시킬 수 있도록 도와주는 생명의 활동이다.

잠재의식이 다음에 하는 일은 '에너지 충전'이다. 아무리 피곤해도 숙면을 취하면 상쾌하고 활기차게 하루를 시작할 수 있다. 마치 휴대전화나 시디플레이어의 배터리를 충전하는 것과 같다.

몇천 년의 역사를 지닌 인도의 요가에는 '프라나(prana)'라는 개념이 있는데 이것은 우주의 '정기(精氣)'를 의미한다. 프라나는 우주의 구석구석에 존재하는 '에너지', 즉 '원기의 재료'다. 사람이 자고 있을 때 '프라나'라는 '원기의 재료'는 이마 한가운데 있는 제3의 눈인 송과선(松科腺)에서 등골뼈를 통해 신경 중추인 태양신경총(太陽神經叢)에 전달되고, 그곳에서 전신으로 퍼져 나간다고 한다. 이는 과학이 발달하기 전에 인도에서 발생한 이론인데 상당히 설득력이 있다. 즉 사람이 자고 있을 때 재생의 힘이 축적된다는 뜻이다.

힘을 재생하려면 잠을 자야 하듯이, 미인이 되려면 숙면을 취해야 한다. 숙면은 피부에도 좋은 영향을 주기 때문이다. 여성들은 '잠을 못자서 피부가 푸석푸석해졌어'라는 말을 자주 하는데, 이 말은 숙면을 취하지 못했다는 말과 같다.

신체의 모든 세포가 교체되는 밤 12시부터 새벽 3시에는 무슨 일이 있어도 숙면을 취해야 한다. 사람은 자연의 리듬에 따라 낮에 활동하고 밤에 잠을 자야한다. 그렇게 하지 않고 아무 때나 잠을 자거나, 밤과 낮이 바뀐 생활을 하면 피부

가 거칠어진다. 숙면을 취하려면 '골든아워'를 잘 활용해야 한다. 밤에 잠들기 직전 정신이 혼미해지는 순간을 하루의 골든아워라고 했는데, 이때 그 날 있었던 골치 아픈 문제를 떠올리면, 악몽을 꾸게 되거나 숙면을 취하지 못하므로 주의해야 한다.

특히 잠자기 전에 시청하는 텔레비전은 그 영향력이 매우 크다. 영상과 음향이 잠재의식에 깊이 파고들기 때문이다.

여기서 당신에게 이상적인 다이어트 비결을 하나 알려주겠다. 먼저 다음의 말을 종이에 써 보기 바란다. 그리고 이 종이를 식탁이나 머리맡에 붙여 놓아라. '살이 빠진다. 살이 빠진다. 나는 날씬해진다. 맛있게 먹고 예쁘게 살을 뺀다.'

아주 중요한 말이므로 다시 한 번 하겠다. '살을 빠진다. 살이 빠진다. 나는 살이 빠진다. 맛있게 먹고 예쁘게 살을 뺀다.' 이 말에서 가장 중요한 부분이 무엇이라고 생각하는가? 그렇다. '맛있게 먹고'라는 부분이 가장 중요하다. 의지력에 의존하는 다이어트는 오랫동안 지속할 수 없다는 사실을 명심하라. "자, 이제부터 다이어트를 하자!"라고 결심하고, 무리해서 살을 빼면 긴장이 풀리면서 순식간에 예전보다 체중이 훨씬 더 불어나는 요요현상이 나타나게 된다. 실제로 이렇게 괴로운 경험을 한 사람도 많을 것이다.

의지력이란 의식의 활동을 의미한다. 앞서 의식과 잠재의식의 특징을 이야기했듯이 의식은 목적을 실현시키는 힘이 약한 반면, 잠재의식은 목적을 실현시키는 힘이 강하다.

'의지력'이라는 의식의 힘은 접어 두고 '맛있게 먹고 예쁘게 살을 뺀 모습을 상상하는 것'이 잠재의식을 잘 활용하는 비결이다. 특히 잠자기 전 골든아워에 이런 상상을 하면 더욱 효과적이다.

이렇게 한 번 해 보자. 당신이 77사이즈 옷을 입는다면 머리맡에 55사이즈 옷을 놓아 둔다. 가능하면 고급 옷을 준비해 두자. 싸구려 옷이라면 쉽게 포기할 수도 있기 때문이다.

행운을 부르는 마음의 양식 1에서 연습한 "아~ 행복해. 나는 정말 운이 좋은 사람이야!"라는 말을 해서 기분이 좋아지면, 다음에는 55사이즈 옷을 입고 거리를 활보하는 모습을 상상하며 잠을 청한다.

좀더 구체적으로 상상해도 좋다. 멋진 남자 친구와

데이트하는 모습은 상상만 해도 즐겁지 않은가? 남자 친구가 "우와, 예쁘다. 옷이 참 잘 어울려"라고 말하고 그 말에 뛸 듯이 기뻐하는 자신의 모습을 떠올리면 굉장히 효과적이다. 잠재의식의 힘에 자신을 맡기면 당신도 반짝반짝 미인이 될 수 있다.

유명인이 말하는 행운을 부르는 기술 Ⅱ

"…… 어느 순간부터 나쁜 날도 있고, 좋은 날도 있다는 생각이 들더라구요. 그래서 내 모습이 초라하게 느껴지거나 기분이 나쁜 날에는 제 자신에게 '뭐, 이런 날도 있고 저런 날도 있지'라고 말했어요. 이렇게 생각하고 나면 신기하게도 금세 기분이 좋아졌어요(이하 생략)."(슈에이샤(集英社) 〈with〉 2004년 5월 호에서 발췌)

한 잡지와의 인터뷰에서 배우 마쓰시마 나나코가 한 말이다. 그녀는 배우로서 왕성한 활동을 하고 있을 뿐만 아니라 철저한 사생활 관리로 많은 이들의 주목을 받고 있다. 이처럼 완벽해 보이는 여배우도 자신의 모습에 실망하고 좌절할 때가 있다. 그러나 그녀는 그런 자신의 모습을 보며 좌절하지 않고 '뭐 이런 날도 있지'라고 생각하며 즉시 부정적인 감정을 몰아냈다. 이것은 '마음의 독소를 제거하는 기술'에서 소개한 '순간회복법'을 활용한 좋은 예다. 마쓰시마 나나코 씨처럼 자신의 감정을 조절하여 부정적인 마음을 몰아내면 당신도 행운이 넘치는 반짝반짝 미인이 될 수 있다.

CHAPTER 3

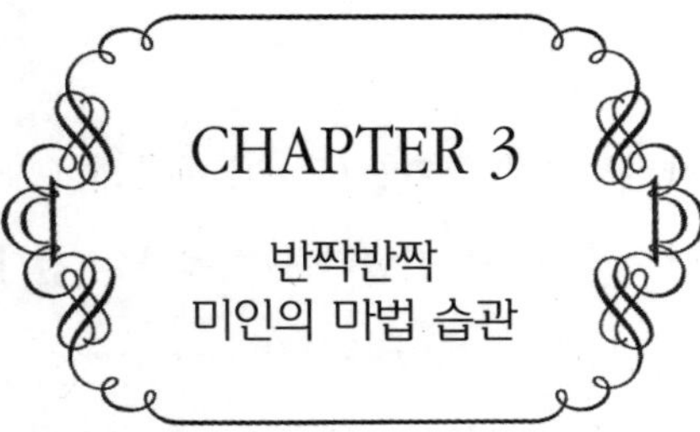

반짝반짝
미인의 마법 습관

♥ 성공하는 사람의 '감정 주기'

사람의 일생에는 다음과 같은 주기가 반복해서 나타난다.

'생각이 떠오른다→도전한다→벽에 부딪친다→생각이 떠오른다→도전한다→벽에 부딪친다→……'

성공하는 사람들은 이런 주기가 찾아오면, 그 자리에 주저앉아 포기하지 않고 재빨리 자신의 생각을 행동으로 옮긴다. 반면 실패하는 사람은 이런 주기가 찾아오면 좌절한 채 그 자리에 주저앉아 버린다. 커다란 장벽에 부딪쳤을 때 좌절하지 않는 비결이 있다. 바로 행동하는 것이다. 작은 몸짓이라도 좋다. 행동으로 보여주는 것이 가장 중요하다.

또 성공하는 사람들은 주위사람에게 감사한다. 이런 마음이 주위사람들에게도 좋은 영향을 주어, 서로가 행복해질 수 있

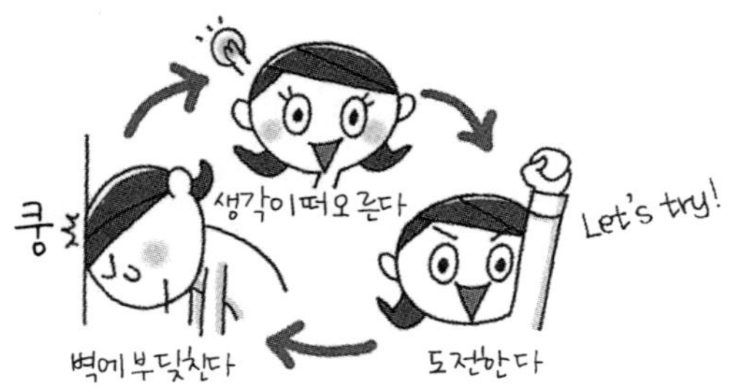

다. 이런 상황이 만들어지면 모두의 꿈은 차츰 현실화된다.

성공하는 사람들은 앞서 설명한 유형A에 속하는 사람으로, 그들은 항상 긍정적인 행동을 취하고 행복한 마음으로 하루하루를 살아간다.

인간의 본성은 아름답다. 이런 아름다운 본성이 세상을 살아가는 동안 갖은 고난과 시련을 겪으며 추하게 변한다. 그러나 본성은 사라지지 않고 마음 한 구석에 영원히 자리 잡고 있는 속성이다. 그렇기 때문에 행복한 마음으로 여유를 가지고 생활해 간다면 남을 배려하고 이해할 수 있는 멋진 사람으로 거듭날 수 있다.

♥ 행운을 부르는 '사랑의 힘' 1_남에게 인정을 베풀면 자신에게 행운이 돌아온다

유형A에 속하는 사람은 문제가 생겼을 때 좌절하지 않고 그 문제를 해결하기 위해 노력한다. 그리고 그렇게 함으로써 주위사람들에게도 행운을 준다. 이것이 '반짝 반짝 빛나는 사랑의 힘' 이다.

당신은 사람에게 일어날 수 있는 일 가운데 가장 괴로운 일이 무엇이라고 생각하는가?

나는 타인의 무관심이 가장 두렵다. 즉 아무도 나를 상대해 주지 않는 것이 가장 무섭다. 어른인 나도 이렇게 무서운데 이른바 '왕따' 를 당하는 어린아이들은 어떨까? 사람은 혼자서는 살 수 없는 동물이다. 사람을 뜻하는 한자가 사람 '인(人)' 에 사이 '간(間)' 인 것도 바로 이 때문이다.

요컨대 원만한 인간관계를 형성한 사람만이 행복한 삶을 살아 갈 수 있다.

인간관계에 관한 유명한 이야기가 있다.

어떤 젊은이가 한 마을을 찾아갔다. 마을 입구에는 노인이 서 있었다. 세상살이에 찌든 표정을 짓고 있었던 젊은이는 그

노인에게 물었다.

"저기, 죄송합니다만 이 마을에는 어떤 사람들이 살고 있습니까?"

노인은 대답 대신 젊은이에게 이런 질문을 했다.

"자네가 전에 있었던 마을에는 어떤 사람들이 살고 있었나?"

젊은이는 슬픈 표정으로 대답했다.

"심술궂고 냉정한 사람들만 살고 있었습니다."

그러자 노인이 대답했다.

"유감스럽게도 이 마을에도 심술궂고 냉정한 사람들만 살고 있다네."

며칠 뒤 다른 젊은이가 이 마을에 찾아왔다. 밝고 활기찬 표정의 젊은이는 그 노인에게 다시 물었다.

"저기, 죄송한데요. 이 마을에는 어떤 사람들이 살고 있죠?"

노인은 이번에도 대답 대신 젊은이에게 질문을 했다.

"자네가 전에 있었던 마을에는 어떤 사람들이 살고 있었지?"

젊은이는 즐겁게 대답했다.

“친절하고 따뜻한 사람들만 있었어요.”

그러자 노인은 싱긋 웃으며 대답했다.

“그렇군. 이 마을에도 친절하고 따뜻한 사람들만 있지.”

두 젊은이의 가장 큰 차이점은 무엇일까? 바로 타인을 바라보는 마음자세다. 노인이 처음에 만났던 젊은이의 마음은 세상살이에 찌들어 이미 퇴색되어 버렸다. 그래서 그 젊은이의 눈에는 마을 사람들이 모두 나쁘게 보였던 것이다. 그러나 노인이 만났던 두 번째 젊은이는 자신의 마을 사람들을 긍정적으로 평가했다. 그 이유는 무엇일까? 바로 따뜻한 마음의 눈으로 사람들을 바라보았기 때문이다.

인간관계는 자신의 마음을 비추는 거울이다. 당신은 어떤 사람과 관계를 맺고 싶은가? 아마도 함께 있을 때 기분이 좋아지는 사람과 관계를 맺고 싶을 것이다. 불쾌한 감정을 주는 사람과 함께 있고 싶어하는 사람은 아무도 없다. 어떻게 하면 타인에게 기쁨을 주는 사람이 될 수 있을까?

방법은 간단하다.

상대방의 처지에서 행동하면 된다. 웃는 얼굴로 타인을 대하고, 친절을 베풀며 타인의 이야기에 기울이는 등의 행동이 타인에게 기쁨을 준다. 이런 행동을 거듭하면 긍정적인 에너지가 발산된다.

예를 들어보겠다.

무척이나 피곤한 날, 전철에서 자리에 앉아 있는데 앞에 할머니가 선다면 당신은 어떻게 하겠는가? 이 때 당신이 취할 수 행동에는 두 가지가 있다. 자는 척을 하든가 자리를 양보하기 위해 일어서는 것이다. 자는 척을 하는 것은 상당히 피곤하고 힘들다. 신경이 곤두서기 때문이다. 반면 자리를 양보하면 신기하게도 피곤했던 기운이 싹 가시고 원기가 회복된다. 그리고 자신이 대견하게 생각된다.

이 때 주의할 점이 하나 있다. 상대에게 감사의 말을 기대하지 않는 것이다. 기대가 충족되지 않으면 화가 치밀기 때문이다. 그렇게 되면 친절을 베푼 의미가 사라지고 만다. '뭐

야, 이 할머니! 고맙다는 말도 안 하고!’ 라고 생각하며 쓸데없이 자신을 피곤하게 만들지 마라.

‘남에게 인정을 베풀면 자신에게 행운이 돌아온다’ 는 말이 있다. 그런데 많은 사람들은 이와는 반대로 ‘남에게 인정을 베푸는 것은 곧 상대의 불행을 초래하는 일이다’ 라고 잘못 생각한다.

나는 지금 성인군자가 되라고 말하는 것이 아니다. 또 도덕성을 강조하는 것도 아니다. 도덕성에 얽매이다 보면 융통성 없는 행동을 할 수도 있기 때문이다. 융통성이 부족하면 마음까지 옹색해진다. 자유롭고 즐거우며, 에너지 넘치는 삶을 살아갈 수 있는 방법은 타인에게 친절을 베푸는 행위, 즉 그것을 실천함으로써 당신의 내면에 긍정적인 에너지가 넘쳐날 수 있는 일을 행동으로 옮기는 것이다. 주위에 사랑을 베풀면 주변 사람들은 행복을 느끼고, 그로 인해 당신에게 행운이 찾아올 것이다.

　여성들은 모든 일을 직감이나 감성으로 판단하는 경향이 있다. 그래서 "나는 그 사람과 생리적으로 맞지 않아" 혹은 "난 저 사람이 그냥 싫어" 등등, 남성들이 들으면 당혹스러워 할 만한 말을 종종 내뱉곤 한다.

　사람을 평가하는 것뿐만 아니라 화장품이든 건강식품이든 뭐든지 감성의 힘을 빌려 선택하는 경향이 강한 여성들은 성분이나 실험 결과가 아닌 자신의 감정에 따라 물건을 선택한다. 물론 모든 여성이 그렇다는 말은 아니다. 지나치게 이성적으로 모든 것을 판단하는 여성들도 많다. 그러나 남성들보다 여성들이 감정적으로 판단하는 경향이 강한 것은 사실이다.

　감성의 힘은 이성보다 몇 배나 더 강하다. 감성이란 말에는 감사, 감동이란 말이 포함
된다. 그래서 여성들은
"어머, 귀여워, 멋지다,
대단해, 예쁘다, 기뻐"
와 같은 감사나 감동의
마음을 표현하는 형용

사나 감탄사를 자주 내뱉는다.

이런 말에는 행운의 비밀이 담겨있다.

감동을 느끼며 살아가는 사람들은 스트레스를 받지 않고, 행복감에 가득 차 있다. 그래서 그들에게는 행운이 따른다. 감동을 느끼고 감격하며 살아가는 비결은 모든 일에 감사하는 것이다. 행운을 부르는 사람은 감사할 일이나 감동을 느낀 순간을 절대 잊지 않고 주위사람들과 기쁨의 순간을 함께 한다. 기쁨은 함께 할 때 배가 되고 그로 인해 모두에게 행운이 찾아오는 것이다.

'성공하지 못한 것은 노력이 부족해서가 아니라 ○○가 부족하기 때문이다.'

'행복하지 않은 것은 노력이 부족해서가 아니라 ○○가 부족하기 때문이다.'

위의 문장에서 ○○에는 어떤 말이 들어갈까? 대답해 보라.

지혜, 열의, 근성, 애정……, 확실히 이런 말도 일리가 있다. 하지만 내가 원하는 답은 아니다.

정답은 '감사하는 마음'이다. 모든 사람이 갈망하는 성공이나 행복은 '사람'이 가져다 준다. 다른 사람의 협력이 없다면 성공할 수 없다. 동료의 협력이 없다면 직장에서 일을 제대로 처리할 수 있을까? 혼자서 할 수 있는 일은 거의 없다. 나는 회사를 경영하고 있는데, 직원들의 도움이 없었다면 아마 지금의 나는 존재하지 않을 것이다.

사람은 타인과 어떤 관계를 맺는가에 따라 행복해질 수도

있고 불행해질 수도 있다.

아무리 돈이 많다고 해도, 부부간에 정이 없고 감사하는 마음이 없다면 그들은 불행한 삶을 살 수 밖에 없다. 가정에 웃음과 대화가 없다면 지옥과 다름없다. 이와는 반대로 부부가 서로에게 감사하는 마음으로 화합한다면 그 가정에는 웃음이 끊이지 않을 것이다.

감사하는 마음이 있으면 자연스럽게 고맙다는 인사를 상대에게 전할 수 있다. "고맙다"는 말은 상대의 도움을 받을 때 유용한 가장 강력한 도구다. 고맙다는 말을 함으로써 우리는 상대와 교감할 수 있다.

감사의 마음에는 인생을 변화시키는 강력한 힘이 있다. 그 에너지는 원자력 이상의 폭발력을 내뿜는다. 또 감사의 마음에는 어떤 일을 실현시키는 힘이 있다. "고맙다"는 말은 주위 사람에게 행복을 준다. 그리고 이 말에는 나쁜 감정을 제거하는 힘이 있다.

자, 지금 이 순간부터 모든 일에 감사하는 마음을 가져 보자. 그리고 모든 사람에게 감사의 인사를 건네자. 화가 날 때, 어려운 문제에 부딪혔을 때, 해결하지 못한 고민거리를 대할 때도 '감사하는 마음'을 가져 보자. 그 일을 해결함으로써 당신

은 더욱 성숙한 인간이 될 수 있다. 그러므로 모든 일에 감사
하는 마음을 가져야 하는 것이다. 이렇게 습관적으로 감사의
말을 하다 보면 행운이 찾아 오고 더 나은 상황으로 발전할 수
있을 것이다.

♥ 초강력 행운을 부르는 행동 1_목표를 세웠으면 끝까지 밀고 나가라!

제1장에서 이미 '반짝반짝 미인'은 떠오른 생각은 바로 행동으로 옮긴다는 말을 했다. 즉, '반짝반짝 미인'은 고민하는 시간을 짧게 갖는다. 그렇기 때문에 적극적으로 행동하고 여러 가지 일에 도전할 수 있는 것이다. 이렇게 행동하다 보면 결국 꿈을 실현할 수 있다. 모든 일에 적극적으로 임하는 태도를 나는 '행운을 부르는 행동'이라고 부른다. 반짝반짝 미인은 이와 같이 행동하기 때문에 행운을 부르는 것이다.

당신은 지금 1000피스의 조각 퍼즐을 맞춰야 한다. 이 때 완성된 그림을 보여 주지 않고 헝클어진 퍼즐을 건네 주거나, 다른 그림을 보여 주고 그것을 맞추라고 한다면 당신은 아마 지레 겁을 먹고 "미안하지만 난 못해"라고 말하며 포기할 것이다. 이를테면 완성된 그림이 알프스 산인 줄 알았는데, 에베레스트 산이라면 퍼즐을 맞추려고 아무리 노력해도 맞출 수가 없다. 이처럼 사람의 두뇌는 영상이 뒷받침되지 않으면 큰 혼란을 겪는다. 반면, 완성된 모습을 상상할 수 있으면 그것을 완성하기 위해 앞으로 나아갈 수 있다. 즉 완성된 모습을 상상할 수

있다면, 그림을 완성
하기 위해 어떤 고난
도 헤쳐 나갈 수 있
다는 말이다. 이런 상
태를 나는 '무한전진'
이라고 부른다. 현재

최고의 주가를 올리고 있는 일본 오페라계의 프리마돈나 나카
마루 미치에 씨는 젊은 시절에 자신이 프리마돈나로 활약하는
모습을 마음 속으로 끊임없이 그려 보았다고 한다. 그 후 그녀
는 어떻게 행동했을까? 이탈리아로 건너가 당시에 세계적인
프리마돈나로 활약했던 마리아 칼라스(Maria Callas)가 타고 있
던 자동차를 가로막고 자신을 제자로 삼아달라고 부탁했다.

마음 속에 그려 놓았던 그림을 완성시키기 위해 그녀는 멈추
지 않고 전진한 것이다. '동경하던 사람을 발견하는 일'도 꿈
을 실현시키는 한 가지 방법이 될 수 있다. 그 사람의 이미지를
마음 속에 심어 두면 꿈이 실현될 때까지 전진할 수 있다.

일본에는 '어리석은 자의 집념'이라는 말이 있다. 허(虛)와 가(假)는 실제로 존재하는 세계가 아니라 이미지의 세계이지만 이미지를 계속 품고 있으면 현실이 된다는 뜻이다.

자연을 제외하고 이 세상에 존재하는 물건은 모두 누군가의 상상에 의해 만들어졌다.

지금은 사람들이 당연한 듯 타고 다니는 자동차도 포드와 같은 사람이 과거에 '자동차를 만들고 싶다'고 강력하게 이미지를 떠올리며 상상했기 때문에 발명된 것이다. 중국의 만리장성도 진시황제의 강렬한 이미지가 형태로 나타난 것이며, 일본의 롯폰기힐스는 모리 빌딩의 주인이 품고 있던 이미지가 형태로 나타난 것이다.

인생은 한 번뿐이다. 당신도 자신이 꿈꾸는 무언가를 이미지로 형상화하여 마음 속에 품고 그것을 실현시키기 바란다.

자신이 꿈꾸는 무언가를 이미지로 만들어 마음 속에 품고 있으면 신기하게도 그것이 실현된다. 좋은 이미지든 나쁜 이미지든 현실이 되는 것이다. 그러므로 장난이라 해도 나쁜 이미지를 마음 속에 품고 있는 것은 삼가야 한다. 가능하다면 당신이 바라는 꿈이나 소망을 항상 마음 속에 품고 그것을 이미지화

시키자. 꿈을 실현시키는 또 다른 방법은 소망을 종이에 적는 것이다. 그 효과는 실제로 경험한 사람만이 알 수 있다. 사족이지만 쇼핑을 할 때도 사야 할 물건이 많을 때는 쇼핑목록을 적어 두는 것이 좋다. 그렇지 않으면 한두 개는 꼭 빼먹기 마련이다.

사람은 망각의 동물이다. 그리고 이런 습성 때문에 세상을 살아갈 수 있다. 만일 모든 것을 기억한다면 두뇌는 과열되어 터지고 말 것이다. 그래서 외부기억장치로 종이를 이용하는 것이다.

'수첩'은 나에게 행운을 가져다 준 소중한 도구다. 나는 이것을 꿈을 실현시켜주는 기적의 수첩이라고 부른다.

– 무엇을 하고 싶은가?

– 무엇이 되고 싶은가?

– 무엇을 얻고 싶은가?

이렇게 수첩에 적어 놓고 항상 그것을 생각했기 때문에 나는 지금처럼 성공할 수 있었다. 수첩을 사용할 때 반드시 기억해야 하는 사항이 있다. 바로 손으로 직접 적는 것이다. 그렇게 하면 자신의 소망을 잠재의식에 확실히 아로새길 수 있다. 수첩에 적는 것으로 끝낼 것이 아니라 그것을 항상 읽어야 한다. 그래야만 꿈을 실현할 수 있다.

특히 잠들기 전이나, 아침에 일어났을 때, 전철에서 졸음이 쏟아질 때 수첩을 보면 큰 효과를 볼 수 있다. 잠재의식은 그런 순간에 문을 활짝 열어 놓고 있기 때문이다. 나직한 목소리로 수첩에 적어놓은 것을 읽어보는 것도 꿈을 실현하는 데 도움이 된다. 그렇게 하면 꿈을 두뇌에 직접 입력하는 것과 같은 효과를 볼 수 있다.

수첩을 어떻게 사용할지 고민할 필요는 없다. 그냥 바라만보아도 두뇌는 수첩에 적어 놓은 꿈이 실현될 수 있도록 작동한다. 그리고 수첩을 바라보는 것만으로도 꿈을 실현할 수 있는 번뜩이는 아이디어가 떠오른 경우도 있다. 번뜩이는 아이디어는 꿈을 실현시킬 수 있는 방법과 수단이 된다. 그리고 그것을 행동으로 옮기면 꿈은 현실로 나타난다. 당신이 수첩을 이용하여 잠재의식에 꿈을 아로새겨 놓을 때 생각지 못한 사람을 만날 수도 있다. 그리고 그 사람은 당신이 꿈을 실현할 수 있도록 도움을 주는 핵심인물일 수도 있다. 이러한 사실을 염두에 두고 수첩을 활용하면 당신도 반짝반짝 미인이 될 수 있다.

'실버아워'도 중요하다

인생의 골든아워는 잠들기 전이라고 했다. 그렇다면 아침에 잠에서 깨어나는 순간은 '실버아워'라고 할 수 있다. 올림픽에 비유하자면 실버아워는 은메달에 해당된다. 그만큼 아침에 눈을 뜨는 순간이 중요하다는 뜻이다.

아침을 의미하는 한자 '조(朝)'를 분해하면 '十月十日'이 되는데 이것은 출산을 의미하는 날수다. 사람은 수정된 후 '열 달 열흘'이 지나면 세상의 빛을 보게 된다.

그래서 '조(朝)'라는 글자는 새로운 생명의 '탄생'을 의미한다. 여기에는 어제까지의 자신에서 새로운 자신으로 다시 태어난다는 뜻이 담겨 있다.

예전부터 미국에서는 월요일을 '우울한 월요일(Blue Monday)'라고 불렀다. 월요일에 만들어진 자동차가 다른 날 만들어진 자동차에 비해 잔고장이 많다고 하니, 이런 말이 나올 만도 하다. 이러한 예는 마음이 생활에 직접적인 영향을 준다는 사실을 증명한다.

아침에 당신은 어떤 마음으로 잠에서 깨어나는가?

혹시 '아, 월요일이네. 회사에 나가서 일할 생각을 하니 끔찍하군. 휴일은 왜 이렇게 빨리 지나가는 거야. 정말 싫다'라고 생각하면서 우울한 기분으로 눈을 뜨지는 않는가?

이미 이야기했듯이 아침의 기분은 인생에 큰 영향을 미친다. 다시 말해 우울한 기분으로 눈을 뜨면 인생에 나쁜 영향을 줄 수도 있다.

나도 사회초년병일 때 병으로 고생을 한 적이 있다. 시간이 지난 후에 그 때 병에 걸렸던 이유가 우울한 기분으로 아침을 시작했기 때문이라는 사실을 깨달았다.

'아, 오늘도 클레임과 마감에 쫓기겠지, 일이 너무 재미없어, 오늘도 몸 상태가 영 안 좋은데……'

나는 항상 아침에 눈을 뜨고 이런 생각을 했다. 이런 생활이 반복되다 보니 기쁨은 사라지고 항상 모든 것이 불만족스러웠다. 더불어 인생이 점점 더 재미없어졌다. 하기 싫은 일을 억지로 하면 쉽게 피곤을 느끼고, 스트레스를 받게 된다. 스트레스는 위에 장애를 일으키는데, 고통을 멈추기 위해 약을 복용해도 오히려 부작용이 생길 뿐 상황은 나아지지 않는다. 근본적인 원인을 제거하지 않으면 병을 고칠 수 없다. 나 역시 병의 근본적인 원인은 생각하지 않고 그저 약에 의존해서 내 병을 고치려고 했다. 그 때 잠재의식은 내 편이 아니라 적일 뿐이었다. 당신은 나와 같은 전철을 밟지 않기를 바란다.

불평불만으로 가득 찬 사람의 마음 속에는 엄청난 스트레스가 존재한다. 정확히 말하면 불평불만을 늘어놓기 때문에 스트레스를 받는 것이다. 스트레스는 마음 속에 쌓아 두면 안 된다. 스트레스가 마음 속에 쌓여 있으면 불안하고 성격이 괴팍해져 타인을 대할 때 실수를 저지를 수 있기 때문이다.

세상에는 꼭 있어야 하는 사람, 있어도 없어도 그만인 사람, 있어서는 안 되는 사람이 있다.

성격이 안 좋으면 있어서는 안 되는 사람으로 분류되기 쉽다. 그 결과 사람들에게 미움을 받고 고독해지며 불행한 인생을 보내게 된다. 이런 사람은 불운을 부른다.

자, 그렇다면 어떻게 해야 성격이 좋아질까? 현명한 당신은 그 방법을 금세 깨달으리라 생각한다. 바로 항상 미소를 짓고 좋은 기분으로 생활하는 것이다. 바꿔 말해 잠재의식을 좋은 쪽으로 유도하면 성격도 좋아지고 행운을 부르는 사람이 될 수 있다. 잠재의식을 좋은 쪽으로 유도하려면 골든아워와 실버아워를 활용해야 한다. 잠에서 완전히 깨어나지 않았을 때 "오늘도 상쾌한 기분으로 일어났어. 멋진 하루가 시작될 거야"라고 말하자. 그리고 밤에 잠들기 전에도 잠재의식에 좋은 감정을 주입시키자.

매일 이렇게 하면, 당신의 잠재의식은 틀림없이 맑고 아름다워질 것이다. 그리고 당신이 하는 일도 모두 잘 될 것이다! 또한 당신의 마음은 언제나 기쁨으로 넘쳐날 것이며, 자신도 몰라볼 정도로 피부에서 윤기가 흐르고 온몸에서 아름다움의 빛이 감돌게 될 것이다.

미스터 괜찮아 "무엇이든 상담하세요"

일과 인간관계

Q 직장 동료와 마음이 맞지 않아요. 어쩔 수 없이 함께 생활하지만 솔직히 정말 피곤해요.

A 마음이 맞지 않는 사람과 무리해서 친하게 지내려고 하지 마세요. 같이 있으면 피곤한 사람과는 되도록 거리를 두어야 합니다. 혹시 당신은 모든 일을 잘해야 한다고 생각하나요? 모든 사람에게 좋은 얼굴을 보이려고 하면 당신만 피곤해져요. 좋은 일만 하고 살아도 인생은 짧아요. 아무리 싫은 사람이라도 직장 동료라면 함께 생활해야 하지요. 그리고 직장에서는 싫은 티를 내면 철없다는 소리를 듣죠. 그렇다면 어떻게 해야 할까요? 상대의 장점을 보세요. 사람은 자신의 결점은 생각하지 않고 상대의 단점만을 보죠. 그러면 기분만 안 좋아지고 상대의 단점을 찾는 일이 습관처럼 굳어집니다. 행운을 부

르는 지름길은 항상 밝은 마음으로 생활하는 것입니다. 상대의 결점이 아닌 장점을 발견하는 습관을 가지세요. 그러면 항상 즐거운 마음으로 생활할 수 있고 모든 사람을 좋아할 수 있게 됩니다. 단 뭐든지 잘 하려고 하지 마세요. 즉, 주위 사람의 비위를 맞추려고 노력할 필요는 없다는 말이죠.

Q 매장 관리자로 발탁이 되었는데요. 기쁘기보다는 불안한 마음이 들어요.

A 괜찮아요. 만약에 불안해지면 자신에게 "괜찮아, 괜찮아……"라고 말해 보기 바랍니다. 이 말은 상당히 효과가 있어요. 누구나 새로운 임무를 맡으면 불안해집니다. 하지만 적당한 불안감과 긴장감은 집중력을 높여 줍니다. 그리고 무엇보다도 주위의 시선을 신경 쓰지 않는 것이 중요해요. '관리자로서 부끄럽지 않게 행동해야겠다'고 생각하지 않는 편이 좋아요. 지금부터 어깨의 힘을 빼고, 자연스럽게 행동해 보세요. 용기를 가지세요!

Q 직장의 여자 선배에게 미움을 받고 있어요. 저한테 뭐든지

설교를 하는데 정말 괴로워 죽겠어요.

A 음, 정말 괴롭겠어요. 참는 것에도 한계가 있죠. 이런 때는 '마음의 독소를 제거하는 기술 2'에서 소개한 '감정 정화법'을 실행해 보세요. 그러면 당신도 신비한 체험을 할 수 있습니다.

당신의 마음을 종이에 계속 쓰다 보면, 어느 날 기분이 상쾌해질 것입니다. 그리고 잠들기 전에 직장의 여자 선배를 생각하며 "감사합니다", "고맙습니다"라며 감사의 말을 해 보세요. 마음을 담지 않고 기계적으로 말해도 괜찮습니다. 이렇게 반복하다 보면 신기하게도 상대가 사과를 하거나 갑자기 직장을 그만두거나, 하는 생각지도 못한 일이 일어납니다.

이유는 알 수 없지만 당신에게 유리한 상황이 정말로 일어납니다. 이것이 바로 마음의 신비한 힘입니다.

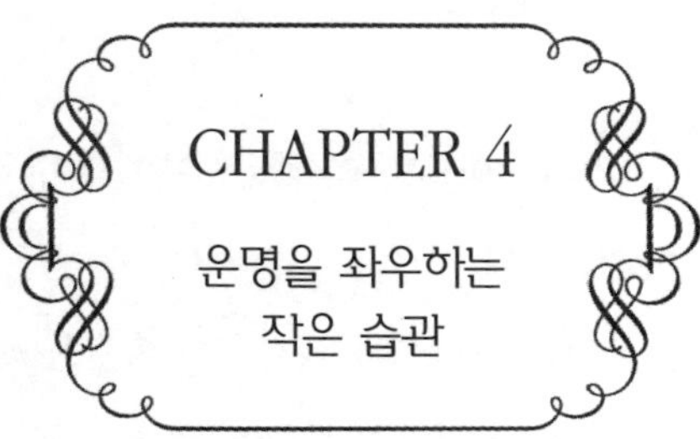

CHAPTER 4

운명을 좌우하는
작은 습관

　사람은 성장하면서 자신도 알지 못하는 사이에 자신만의 '사고방식'을 갖게 된다.

　그리고 사람은 그 사고방식과 생각하는 습관을 근거로 행동하고, 그 결과 같은 일을 자꾸 반복하게 된다.

　예를 들어 직장을 여러 번 계속 옮기는 사람이 있는데, 그 원인은 대부분 인간관계라고 한다. 다시 말해 능력이나 기술 문제로 회사를 그만두는 경우는 별로 없고, 인간관계가 원만하지 못해서 그만두는 경우가 많다고 한다.

　대개 원인은 자신에게 있지만 좀처럼 사람들은 그 사실을 깨닫지 못한다. 그래서 똑같은 잘못을 끊임없이 반복하게 된다.

　자신은 남자 운이 없다고 이야기하는 사람은 무의식적으로 '나는 남자 운이 없어'라고 생각하는 경향이 있다. 무의식적으로 그렇게 생각하기 때문에 남자 운이 더 안 좋아지는 것이다. 이렇게 되면 자신도 모르는 사이에 운이 더 나쁜 방향으로 흘러 안 좋은 상황을 야기한다.

　또한 금전운이 없는 사람은 무의식적으로 돈을 멀리하며 싫어하는 경향이 있다. 돈은 그것을 지닌 사람의 감정에 예민하게 반응한다. 그래서 당신이 무의식적으로 발산하는 메시지를 감지한다. 당신이 '돈은 인생의 전부가 아니야' 라고 무의식적으로 생각하면 돈은 그 메시지를 듣고 당신의 곁을 매몰차게 떠날 것이다.

　돈은 운과 마찬가지로, 자신을 반기는 곳으로 자꾸자꾸 모이는 성질이 있으므로 절대로 돈을 소홀히 생각해서는 안 된다.

♥ 마음을 바꾸면 행운을 부를 수 있다!

'무의식' 이란 스스로 깨닫지 못한 마음의 영역이다. 즉, 의식하지 못하기 때문에 '무의식' 이라고 부르는 것이다.

반면, 무의식으로 자리 잡은 것을 의식으로 바꾼 것을 '깨달음' 이라고 한다.

깨달음은 자신을 바꾸고, 운명도 바꿀 수 있다. 다시 말해 사람은 깨달음을 통해 자신을 바꾸고, 미래도 바꿀 수 있다.

'과거와 다른 사람은 바꿀 수 없지만 미래와 자신은 바꿀 수 있다' 는 명언이 그 사실을 증명한다.

그러나 깨달음을 터득하기란 상당히 어렵다. 사람은 누구나 자기 자신을 잘 알고 있다고 생각하지만 사실은 그렇지 않다. 자기 자신을 깨닫는 일은 무척이나 어려운 일이다.

'사람은 누구나 일곱 가지 버릇이 있다' 라는 일본의 속담처럼 사람은 여러 가지 버릇을 갖고 있다. 그리고 일단 몸에 배인 버릇은 좀처럼 고치

기 어렵다. 스스로 버릇이라고 깨닫지 못하므로 고칠 수가 없는 것이다.

버릇은 습관이라는 단어로 바꿔 말할 수 있다. 좋은 습관이라면 괜찮지만 나쁜 습관은 자신을 안 좋은 방향으로 나아가게 만든다. 그리고 사람은 습관의 노예라고 해도 과언이 아닐 만큼 습관의 지배를 받는다. 예를 들어 요통이나 어깨결림 등은 잘못된 생활습관 때문에 발병한다.

나도 전에 요통을 앓았으므로 큰소리 칠 수 있는 형편은 아니지만, 어쨌든 나는 잘못된 자세로 의자에 앉아 있는 습관 때문에 요통을 앓았다. 이런 외적인 경우만이 아니라 내적인 습관도 있다.

그 예로 지각하는 사람을 들 수 있다. 그들은 어떤 약속이든 항상 지각을 한다. 이것은 나쁜 습관이다. 이밖에도 무슨 일이든 바로 시작하지 않고 꾸물대는 것도 나쁜 습관이다. 또 단 것을 좋아해서 늘 단 것만 찾는 것도 습관이다.

몸에 배인 습관을 고치고 싶다면, 남에게 지적받는 것이 가장 효과적이다. 행운을 부르기 위한 조건 가운데 중요한 한 가지는 바로, '순수하게' 받아들이는 자세다. 다른 사람의 눈에는 당신의 버릇, 즉 습관이 잘 보인다. 하지만 남의 지적을 순

수하게 받아들이기란 쉽지가 않다. 게다가 상대가 지적한 습관이 평소에 자신도 나쁘다고 생각했던 것이라면 결점을 지적받는 것 같아서 기분이 상할 수도 있다. 이럴 때는 상대에게 고마운 마음을 가지는 것이 큰 효과를 발휘한다. 상대가 당신의 단점을 지적하거나 충고를 할 때, 고마워하는 마음을 가진다면, 그것은 당신을 성장시켜 주는 자양분이 된다. 마음에 상처가 되거나 다소 듣기 거북한 충고라도 겸허하게 받아들인다면 마음의 그릇도 그만큼 커질 것이다. 아량이 넓어지면 자연스럽게 대인관계도 원만해진다. 마음의 그릇이 작으면 자신감을 점점 잃게 된다. 그래서 마음의 그릇이 작은 구질구질 추녀는 자신감이 부족하기 때문에 항상 다른 사람의 평가에 신경을 쓴다.

예를 들어 '구질구질 추녀'를 D양이라고 하자. 그녀에게는 고이즈미와 아베라는 친구가 있다.

어느 날 고이즈미가 D양에게 고자질을 했다.

"저기, 지난번에 아베가 말이지. 네 성격이 경박하다고 그러더라."

이 말을 들은 '구질구질 추녀' 인 D양은 항상 마음이 불안정하고 자신감이 없기 때문에 그 말에 발끈하며 감정의 혼란을 느낀다.

"뭐라고? 세상에! 어떻게 나한테 그런 말을 하지! 절대로 용서할 수 없어. 지금 당장 아베한테 가야겠어. 너도 같이 가자!"

이렇듯 상황은 복잡하게 전개된다.

하지만 마음의 그릇이 큰 '반짝반짝 미인' 은 이런 상황에서도 조금도 흔들리지 않는다. 예를 들어 '반짝반짝 미인' 을 K양이라고 가정하고, 앞의 이야기를 다시 한 번 해 보자.

K양에게는 고이즈미와 아베라는 친구가 있다.

어느 날 고이즈미가 K양에게 고자질을 했다.

"저기, 지난번에 아베가 말이지. 네 성격이 경박하다고 그러더라."

이 말을 들은 '반짝반짝 미인' 인 K양

은 이렇게 말했다.

"어, 그래? 전해 줘서 고마워. 아베는 언제나 바른 말만 하잖아." 이것으로 끝이다. '반짝반짝 미인'은 '구질구질 추녀'처럼 과민반응하지 않고 상대의 말을 그대로 받아들인다. 이런 식으로 반응하면 좋은 효과를 몇 가지 얻을 수 있다.

그 중 하나는 고자질을 한 당사자가 흥미를 잃고 맥이 빠져서 더는 당신에게 고자질을 하지 않게 된다. 또 고자질을 한 당사자가 당신을 험담했던 사람에게 가서 당신의 이야기를 전할 것이며, 당신의 너그러운 행동 때문에 그 사람은 분명 당신을 좋아하게 될 것이다.

이처럼 너그럽게 행동하면 인간관계에서 불필요한 문제가 생기지도 않을 것이고 고자질이나 당신을 험담하는 사람도 접근하지 못할 것이다. 또 반짝반짝 미인은 누군가가 자신에 대한 험담을 늘어놓으면 그 말을 듣고 자신의 행동을 반성하고, 자신을 객관적으로 바라본다. 그러면서 자신이 미처 알지 못했던 새로운 자신을 발견하게 된다. 넓은 아량으로 타인을 대해 보자. 그러면 당신도 반짝반짝 미인처럼 아름다워질 수 있고 행운도 부를 수 있다.

♥ 언어습관을 바꾸면 '운'도 바꿀 수 있다

앞서 '사람은 누구나 일곱 가지 버릇이 있다' 는 속담을 소개
했다. 이번에는 입과 관련된 속담을 소개하겠다.

– 입이 화근이다

– 소문은 막을 수 없다

– 입에서 나오는 대로 말한다

– 소문처럼 대단하지도 않은 녀석

– 말도 잘하고 일도 잘한다

이처럼 입과 관련된 속담 중에는 안 좋은 뜻을 가진 것이 많
다. 잘못된 말 한 마디가 화를 부르는 경우가 허다하기 때문이
다. 그러므로 사람은 말을 할 때 항상 조심해야 한다. 우리에
게 말조심을 하라고 주의를 주기 위해서 옛 사람들도 이런 속
담을 만든 것이다.

오는 말이 고와야 가는 말이 곱다는 속담이 있다. 실제로도
오랫동안 쌓은 관계가 무심한 말 한 마디로 순식간에 무너지
는 경우가 종종 있는데, 그만큼 말에는 커다란 영향력이 있다.
평소 아무렇지도 않게 사용하는 것이 말이지만, 말은 사람의
인생에 엄청난 영향을 준다.

≪요한 묵시록(The Revelation to John)≫ 첫 부분에는 '태초에 말이 있고, 말은 신과 함께 있고……' 라는 구절이 등장한다. 그리고 일본에서는 말을 다른 '고토다마(言靈)' 라고 부르며 말에 생명이 숨어 있다고 이야기한다.

그래서 일본에서는 한때 '다정한 말이라는 씨앗을 뿌려서 우리 모두 아름다운 꽃밭을 만들자' 라는 말이 유행한 적도 있다. 입버릇이란 늘 반복해서 하는 말이다. 반복해서 그 말을 하면 실제로도 그렇게 된다. 그러므로 좋은 말이든 나쁜 말이든 상관없이 입버릇에는 어떤 일을 현실화시키는 커다란 힘이 있다. 그것이 바로 반복의 힘이다.

'피곤해, 힘들어' 이런 말을 연발하다 보면 몸이 더욱 피곤하고 힘들어진다. 물론 정말로 힘들고 피곤해서 그렇게 말하는 것이겠지만 이런 말을 자꾸 반복하면 영원히 그 상황을 벗어나지 못한다.

돈 때문에 어려움을 겪는 사람은 항상 '돈이 없다'고 말한다. 이런 말도 자꾸 반복하다 보면 금전

운은 더 멀어지게 된다. '남자 운이 없다'고 말하는 여성들도 자꾸 그런 말을 반복하면 그 파동이 주변에 영향을 미처 실제로 그렇게 된다. '아무래도 나한테 그 일은 무리야. 난 할 수 없을 거야'라고 반복해서 말하면 의욕이 생기지 않아 그 일을 시작조차 할 수 없다.

　뭐든지 해 보지 않으면 할 수 없다. 이것은 명명백백한 진리다. 불확실한 믿음은 마음을 불안하게 만든다. 어려워도 결심을 하고 작은 행동부터 실천해 보자. 영 내키지 않는 일이라도 일단 시작하면 신기하게도 마음도 그와 함께 움직인다. 고민하거나 스트레스를 쌓아 두지 않으려면 과감하게 행동해야 한다. 작은 행동을 실행에 옮기면 당신도 반짝반짝 미인으로 거듭날 수 있다.

  사람들은 타인이 지닌 ‘능력’과 ‘성격’을 잣대로 그 사람을 평가한다. 그러므로 ‘능력’과 ‘성격’은 개인의 가장 중요한 재산이라 할 수 있다.

  일본이 이처럼 크게 발전할 수 있었던 이유는 제2차 세계대전이 끝난 후 아이들을 교육하는 데 힘을 쏟았기 때문이다. 그래서 일본은 다른 나라보다 우수한 능력을 지닌 인재들을 많이 배출시켰다. 그 증거로 일본에는 문맹인이 거의 없다는 점을 들 수 있다. 일본인들은 이해력과 표현력이 뛰어나서 세계적으로 인정받는 최상의 제품을 만들어 냈는데, 안타깝게도 최근에는 상황이 달라져 그 위상이 점점 추락하고 있다. 그 이유는 무엇일까? 바로 능력은 뛰어나지만 ‘훌륭한 인품’ 즉 ‘좋은 성격’을 지닌 사람들이 점점 감소하고 있기 때문이다. 이 같은 병폐는 현대사회의 문제점이기도 하다. 현대사회에서는 ‘좋은 성격’을 지닌 사람보다 ‘뛰어난 능력’을 지닌 사람이 인정받는다. 그래서 사람들은 좋은 성격을 지니기 위해 노력하기보다 뛰어난 능력을 키우기 위해 노력한다.

  사람들은 ‘능력’이 재산이라는 사실은 잘 알고 있지만, ‘좋은 성격' 역시 훌륭한 자산이라는 사실은 깨닫지 못한다. 아무리 뛰어난 능력을 갖고 있어도 성격이 안 좋으면 남에게 미움을 받아 그 능력을 제대로 발휘할 수 없다.

사람을 뜻하는 한자인 '인간(人間)'이라는 단어를 봐도 알 수 있듯이 사람은 사람 사이에서 살아가는 존재다. 나는 '능력'보다는 '좋은 성격'이 세상을 살아가는 훨씬 더 중요한 요소라고 생각한다. 스포츠나 연예계에서는 개인의 '능력'이 매우 중요한 요소로 작용하지만 일상에서는 그러한 능력은 그다지 중요하게 여겨지지 않는다. 입사 시험에서 20단이 넘는 뜀틀을 넘거나 뒤구르기를 하는 일이 없듯이 말이다.

최근 유통업체와 음식업체가 급속히 증가하고 있다. 그리고 이런 업계에 종사하는 사람들은 추세에 따라 분위기 있는 매장을 만들기 위해 주력한다. 분위기 있는 가게를 만들려면 종업원들도 그에 따라 소비자들에게 좋은 느낌을 줄 수 있어야 한다. 인테리어나 조명이 훌륭해도 손님을 대하는 점원의 태

도가 나쁘면 최악의 가게로 전락할 수밖에 없다. 설령 그 직원이 뛰어난 능력을 갖고 있다 해도 태도가 나쁘면 아무 소용이 없다. 여기서 태도란 바로 그 사람의 인품, 즉 성격을 의미한다. 성격 좋은 사람이란 곧 타인에게 좋은 느낌을 주는 사람이라 할 수 있다.

그렇다면 성격은 어떻게 형성되는 것일까? 타고나는 것일까? 결코 그렇지 않다. 성격은 성장하면서 서서히 형성된다. 부모와 형제는 성격형성에 큰 영향을 미친다. 그리고 선생님과 친구 등 접하는 상대의 영향을 받으며 성격은 형성된다.

옛 속담에 '주홍을 가까이하면 붉어진다' 라는 말이 있다. 그렇다고 주위 사람의 성격을 여과 없이 그대로 받아들이는 것은 아니다. 상대방과 접하면서 느낀 점이나 생각에 따라 성격이 형성된다. 그래서 반면교사(反面敎師. 따르거나 되풀이해서는 안 되는 나쁜 본보기의 사람이나 일)라는 말도 생겨난 것이다. 사람의 성격 형성에 가장 커다란 영향을 미치는 요소는 자신의 생각이다. 다시 말해 자신이 자신을 어떻게 생각하느냐, 하는 것이 자신의 성격을 형성하는 데 지대한 영향을 미친다는 뜻이다.

당신이 만일 '사람들이 나를 좋아하지 않아' 라고 생각하면, 당신의 성격은 생각에 따라 행동한다. 그러므로 당신은 다른 사람들이 싫어하는 행동을 하게 된다. 생각이 당신을 타인에게서 멀어지게 만드는 것이다.

'나는 소극적이라서 사람들과 어울리지 못해' 라고 생각하면 더더욱 사람들과 어울릴 수 없다.

이런 생각은 대개 어린 시절에 경험했던 사소한 좌절감에서 비롯된다. 나는 어린 시절부터 줄곧 내 자신이 운동신경이 둔하다고 생각했다. 그 결과 친구들이 야구를 할 때 항상 제외되었다. 나는 친구들과 어울리지 못하고 항상 그들의 주위를 맴돌며 외로운 어린 시절을 보냈다.

"너는 무기력하고 울보에다가 겁쟁이야."

나의 부모님은 이런 말을 서슴없이 종종 내뱉으셨다. 그러고 보면 나는 스스로를 초라하게 여길 수밖에 없는 환경에서 자라난 것 같다. 부모님들마저도 나를 그렇게 대했기 때문이다.

나는 유치원을 다니지 않았기 때문에 아무 것도 모른 채 초등학교에 입학했다. 모르는 것 투성이라 아이들이 모두 모여 즐겁게 술래잡기를 할 때도 나는 무엇을 어떻게 해야 할지 몰라 서성댔다. 피구나 야구를 할 때도 마찬가지였다. 감수성이 예민하던 시기를 나는 외톨이로 보냈다. 그래서 자연스럽게 운동신경도 나쁘고 소극적인 성격의 아이로 자랄 수밖에 없었다. 다행이 공부에는 흥미가 있어 열심히 했기 때문에 지금의 내가 될 수 있었다.

생각이 자신의 성격을 형성한다. 나도 소극적인 생각을 하지 않고 모든 일에 적극적으로 임했다면 더 나은 모습으로 성장하지 않았을까, 하는 생각을 가끔씩 한다.

사람은 대부분 비슷한 환경에서 태어난다. 그리고 태어났다는 사실만으로도 대단한 일을 해낸 것이다. 당신은 수만 개의 정자들이 펼치는 레이스에서 당당히 일등을 차지했기 때문이다. 그것만으로도 당신은 존경받을 만하다.

사람은 평생 자신이 갖고 있는 능력의 5%정도만을 사용한다고 한다. 그러한 가운데 부정적인 생각을 가진다면 아마도 자신이 갖고 능력의 1%도 발휘하지 못하고 인생을 마감할지 모른다. 만일 당신의 능력에 대해 부정적인 생각을 가지고 있다면 오늘부터 그 생각을 과감하게 저 멀리 던져 버리기 바란다. 모든 일에 할 수 있다는 자신감을 가지고 도전해 보자. 실패를 두려워하지 말자. 실패는 성공의 어머니다! 실패함으로써 당신은 성공의 문에 더 가까이 다가갈 수 있다. 무슨 일이든 여러 번 반복하다 보면 결국 해낼 수 있다. '참고 견디면 복이 온다' 는 말을 항상 기억하자.

일본에는 '계속하면 힘을 얻는다' 라는 속담이 있다. 나는 이 말을 이렇게 바꾸고 싶다. '계속해야지 비로소 힘을 얻는다.'

무엇인가에 도전해서 그것을 완수하려면 꾸준히 계속하는 수밖에 다른 방법이 없다. 계속하다 보면 자신 안에 숨어 있던 가능성을 발견하게 된다. 행동하기는 쉽지만 그것을 지속하기는 어렵다. 그 이유 가운데 하나는 사람은 누구나 빨리 끝(결과)을 보고 싶어하기 때문이다. 특히 타인과 경쟁을 할 때는 더더욱 그렇다. 타인과 비교했을 때 자신이 더 늦다거나 열등하다며 초조해하거나 불안해 하면 안 된다. 항상 즐거운 마음으로 행동해야 한다. 그래야만 목표를 달성할 수 있다.

행동을 지속하기 어려운 또 다른 이유는 처음부터 큰 일을 하려고 욕심을 부리는 것이다. 그러면 쉽게 좌절하게 된다. 학교 운동장을 청소하려고 할 때, 그 크기에 놀라서 청소도 하기 전에 질려버리는 것처럼 말이다. 그러므로 작은 것부터 시작하는 것이 좋다.

어린 시절 우리 집 마당에는 커다란 돌이 있었다. 그 돌은 처마 밑에 있었는데 비가 올 때마다 빗방울이 한 방울씩 돌에 떨어졌다. 빗방울 한 방울 한 방울에는 아무런 힘도 없지만 반복해서 같은 곳으로 떨어지자 그 단단한 돌에 마침내 구멍이 뚫

렸다. 길가의 잡초도
마찬가지다. 땅이 아
무리 단단한 콘크리
트로 포장되어 있어
도 잡초는 그것을 뚫

고 올라온다. 만일 잡초가 단숨에 콘크리트를 뚫고 올라오려
고 했다면 어떤 일이 벌어졌을까? 아마도 잡초는 허리를 펴 보
지도 못하고 뭉개졌을 것이다. 매일 조금씩 꾸준히 콘크리트
를 뚫고 올라옴으로써 잡초는 놀라운 결과를 낳을 수 있었던
것이다. 이처럼 '천천히, 꾸준히' 끈기 있게 행동하면 놀라운
힘을 발휘할 수 있다.

♥ 성격 좋은 사람이 진정한 미인이다

성격이 운명을 좌우한다. 인간의 삶은 가정, 직장, 연애 등 모두 사람과 사람의 관계, 즉 인간관계로 이루어져 있다.

아무리 능력과 재능이 있고 학벌이 좋으며 훌륭한 집안에서 태어난 사람이라 해도 타인에게 인정을 받지 못하면 이런 부수적인 조건들은 아무런 소용이 없고, 이런 사람에게는 행운도 다가오지 않는다. 그러므로 성격미인이 되기 위해 노력해야 한다. 성격미인이 되면 다른 사람들에게 사랑을 받을 수 있고, 행운도 부를 수 있기 때문이다. 그렇다고 모든 사람을 친절하게 대하려고 애쓰지는 말자. 자신만 피곤해지고 스트레스를 받을 수 있기 때문이다. 스트레스가 쌓이면 자신도 모르게 사람들에게 화를 낼 수도 있고, 투정을 부리게 된다. 그렇게 되면 주위 사람들은 당신을 멀리하고 행운도 당신 곁을 떠나게 된다. 성격이 좋은 사람은 푸념을 늘어놓지 않는다. 그리고 타인에게 불평불만을 호소하지도 않는다. 그저 현재의 삶을 긍정적인 자세로 받아들이고 자신의 꿈을 향해 열심히 노력하고 전진할 뿐이다. 당신도 자신의 꿈을 향해 과감히 전진하기 바란다. 그렇게 하면 당신은 타인의 눈에 활동적이며 행운이 따르는 사람처럼 보일 것이다. 그 결과 당신의 주변에 행운을 사람들이 모여들고 당신에게도 행운이 따를 것이다. 성격미인은 반짝반짝 빛나는 매력이 흘러넘친다. 얼굴이 아름다운 사람보다는 좋은 성격을 가진 사람이 더 아름답게 보인다. 그렇다면 좋은 성격을 형성하는 비법은 무엇일까?

첫째, 자신의 운명은 자신의 것이라고 생각하라.

둘째, 실패를 두려워하지 말고 도전하라.

셋째, 실패해도 자학하지 마라.

넷째, 매순간 감사하는 마음을 가져라.

다섯째, 다른 사람의 처지에서 생각하라.

이렇게 다섯 가지 비결을 습관화하면 당신도 틀림없이 성격미인이 될 수 있다.

☙ 좋은 성격을 형성하는 마법습관 ☙

1. 자신의 운명을 자신의 것이라고 생각하라.

2. 실패를 두려워하지 말고 도전하라.

3. 실패해도 자학하지 마라.

4. 매순간 감사하는 마음을 가져라.

5. 다른 사람의 처지에서 생각하라.

변화를 두려워하지 마라

세상은 항상 변화하며 변하지 않는 것은 아무것도 없다. 역설적으로 이야기하면 세상에서 유일하게 변하지 않는 것은 '세상이 항상 변화하고 있다'는 사실뿐이다. 그러므로 세상 속에서 살아가는 우리에게 가장 필요한 것은 변화에 대응하는 능력이다. 행복한 삶을 살아가려면 변화하는 환경에 적응해야 한다.

사람들은 지금의 상황이 영원히 지속될 것이라는 착각 속에서 살아간다. 그래서 은행이 파산하고 보험회사나 건설회사가 도산하리라는 사실을 예상하지 못한다. 그러나 행운을 부르는 사람들은 세상이 변한다는 사실을 알고 있으며, 변화를 두려워하지 않는다. 오히려 그들은 변화를 추구한다. 이미 언급했듯이 열심히 노력하는 것과 운은 아무런 관계가 없다. 그런데도 사람들은 열심히 노력하면 행운이 찾아올 것이라 믿고 변화를 거부한다. 끊임없이 변하는 세상 속에서 변화를 거부하면 기존의 방법에 의존해서 일을 처리하려고 하기 때문에 점점 더 어려움에 빠져들게 된다.

그러므로 잠재의식이 변화를 두려워하지 않고 받아들일 수 있도록 노력해야 한다. 그렇게 하면 어떤 변화의 소용돌이도 이겨낼 수 있다. 회사에서 정리해고를 당하거나 사이좋게 지내던 사람과 사이가 틀어졌다고 치자. 이것은 겉으로는 나쁜 상황처럼 보일 수 있지만 운명을 좋은 방향으로 변화시키는 기회일 수 있다. 나는 이것을 '호전현상(好轉現象)', 혹은 '운명의 자괴작용(自壞作用)', '혼전반응(好轉反應)'이라고 부른다. 단식을 해서 신체를 정화시키면 일시적으로 증상이 악화하는 현상이 나타나는데, 한의학에서 이를 명현반응(瞑眩反應)이라고 부른다.

자신의 신체와 운명을 좋은 쪽으로 유도하려면 신체와 정신에 고여 있는 고름을 짜내야 한다. 즉 중요한 것을 얻으려면 무언가를 버려야 한다는 말이다.

당신도 부디 운명의 자괴작용을 즐기기 바란다. 우리가 위기라고 부르는 변화는 좋은 운을 부르는 기회가 될 수 있다.

유명인이 말하는 행운을 부르는 기술 Ⅲ

"디자이너 존 갈리아노(John Galliano)의 패션쇼 오디션 때, 나는 '최대한 섹시하게 행동하라'는 주문을 받았다. 나는 그 의미를 이해하기 못했기 때문에 제대로 연기할 수 없었다. 예상대로 나는 오디션에 떨어졌고, 나중에 그 패션쇼를 보았을 때 내가 오디션에서 떨어진 이유를 확실히 깨달을 수 있었다. 패션쇼에 등장하는 모델들은 하나같이 누군가를 유혹하는 것처럼 섹시한 포즈를 자연스럽게 연출했다. 그것은 당시의 나에게는 너무나 어려운 과제였으며, 도저히 해낼 수 없는 역할이었다. 그러나 나는 좌절하지 않고, 존 갈리아노가 나에게 무대에서 당당해지는 법을 가르쳐주기 위해 그런 경험을 하게 한 것이라고 긍정적으로 생각했다. 나는 나 자신을 시험하기 위해 다음 시즌에 열리는 존 갈리아노의 패션쇼 오디션에 응모했다. 그리고 당당히 합격했다. (중략)

…… 내 일은 자신을 갈고 닦는 것이다. 직업으로 모델 일을 할 수 있는 기회가 내게 주어졌다는 사실을 나는 마음 속 깊이 감사한다." (가와하라 아야코의 저서인 ≪수수한 아름다움(simple beauty)

≫에서 발췌, 겐토샤 발간)

　지금 일본에서 CF, 드라마, 영화에서 맹활약 중인 가와하라 아야코가 파리 컬렉션에서 활동하던 시절의 에피소드다.

　가와하라 아야코는 패션쇼 오디션에서 떨어지는, 모델로서는 아주 심각한 '문제'에 부딪쳤을 때 긍정적인 생각으로 시련을 극복했다. '그러나 나는 좌절하지 않고, 존 갈리아노가 나에게 무대에서 당당해지는 법을 가르쳐주기 위해 그런 경험을 하게 한 것이다'라고 긍정적으로 생각했다. 가와하라 씨는 1년 동안 노력한 끝에 자신의 내면을 긍정적인 눈으로 바라보게 되었으며, 냉정하고 객관적이며 진취적으로 문제를 해결했다. 그리고 마침내 그녀는 다음 해에 치러진 오디션에서 합격이라는 값진 결과를 얻을 수 있었다. 현실의 문제에서 눈을 돌리지 않고 그것을 객관적으로 바라보며 긍정적인 자세로 행동함으로써 그녀는 반짝반짝 미인이 되었다. 나는 앞으로도 그녀가 모든 이에게 즐거움을 줄 수 있는 반짝반짝 미인으로 많은 이들의 사랑을 받는 연예인이 되리라 믿어 의심치 않는다.

후기

　나는 마음가짐이 인생에 어떤 영향을 미치는지 알려주기 위해 이 책을 썼다. '깊이 있는 지식 코너'에서는 잠재의식을 활용하는 방법에 대해 설명했는데, 이것은 '요가 철학'을 근거로 했다. 나는 20대에 스트레스로 몸 상태가 나빠져 약물에 의존해서 살았다. 날이 갈수록 상태는 악화되었고, 나는 절망의 구렁텅이에 빠지고 말았다. 그때는 무슨 일을 해도 잘 되지 않았고, 정말 지지리도 운이 없었다. 오랜 시간을 방황하다 나는 '오키요가'의 창시자이며 지금은 고인이 된 오키 마사히로 선생의 수련장을 찾게 되었다. 그곳에서 한 달 가까이 단식을 하며 여러 가지를 배웠고, 그때가 내 인생의 커다란 전환기가 되었다. 그 시기를 극복했기 때문에 지금의 나도 존재하는 것이다.

　나는 '오키요가' 수련장에서 많은 깨달음을 얻었다. 그 깨달음을 바탕으로 생활에 과감한 변화를 시도했고, 좋은 결과를 얻을 수 있었다. 그때까지 내가 가지고 있던 나쁜 습관을 모조리 버리고 좋은 습관을 익히려고 노력했던 것이 운명을 개선시키는 계기가 되었다. 그 다음부터 나는 행운을 부르는 사람이 되기 위해 노력했다.

나는 정말로 운이 좋은 사람이라고 생각한다. 내가 좋아하는 일을 하며 살아가고 있고, 원하는 바도 하나하나 이루어 나가고 있기 때문이다.

나는 젊은 시절에 책을 내고 싶다는 생각했다. 그런데 벌써 30여 권의 책이 세상의 빛을 보았다. 이것은 모두 주위 분들의 도움 덕분이다.

나는 항상 행복감을 느끼며 살아간다. 그리고 신기하게도 행복한 기분으로 생활하면 좋은 일이 꼬리에 꼬리를 물고 일어난다. 이처럼 행복한 삶을 사는 방법은 무척이나 간단하다. 바로 행복한 생각을 하는 것이다.

주변 사람들은 내가 운이 좋은 사람이라고 생각한다. 그들이 나를 보며 그런 생각을 하기 때문에 나는 행운을 잡을 수 있었다. 행운은 사람을 통해 전달되기 때문이다. 이 얼마나 고마운 일인가!

행복한 생각을 하는 사람에게는 행운이 따른다. 모든 것을 긍정적인 자세로 받아들이자. 이것이 이 책의 핵심이다.

나는 당신이 이 책에 소개한 모든 습관을 자신의 것으로 만들어 행운이 따르는 '반짝반짝 미인'이 되기 바란다. 기쁜 소식을 고대하겠다.

나보다 못난 그녀가 나보다 잘 나가는 이유

지은이 | 미야마 사토시
옮긴이 | 안소현

펴낸이 | 우지형
기　획 | 곽동언 김수광
디자인 | 이수디자인

펴낸날 | 2005년 4월 25일 (초판 1쇄)
펴낸곳 | 나무한그루
등록번호 | 제 313-2004-000156호

주소 | 서울시 마포구 서교동 475-42 오월애빌딩 3층
전화 | (02)333-9028
팩스 | (02)333-9038
이메일 | namuhanguru@empal.com

ISBN 89-955450-5-4 02320

값 7,800원

*잘못 만들어진 책은 구입하신 서점에서 교환해 드립니다.

Happybook과 만나세요!

한국독서보급협회는 책을 사랑하고 그 사랑을 나눌 수 있는 사람이라면 누구나 환영합니다. 한 권의 책이 사람의 인생을 바꿀 수 있듯이 책을 사랑하는 사람들의 모임은 우리사회를 좀더 밝고 아름답게 변화시킬 수 있을 것이라고 믿습니다.

한국 독서보급협회의 홈페이지는 http://home.freechal.com/happybook 입니다.

한국 독서보급협회는 양서보급은 물론 일본 독서보급협회와의 지속적인 교류를 통해 회원 여러분에게 다양한 문화적 체험을 제공할 계획입니다. 독서를 통해 아름다운 세상을 만들어 가는 이 운동에 독자 여러분의 동참을 기다립니다. 여러분 한 사람 한 사람의 작은 뜻과 실천이 모여 아름다운 변화의 거대한 물결을 이룰 수 있기를 기대합니다.

좋은 기분, 책 읽는 기분! 나누는 기분, 즐거운 기분!